CETA

Quand l'Europe déraille

Éditions Luc Pire [Renaissance SA]
Avenue du Château Jaco, 1 – 1410 Waterloo
Éditions Luc Pire
www.editionslucpire.be

CETA – Quand l'Europe déraille

Paul Magnette
Couverture : Philippe Dieu (Extrabold)
Photo de couverture : © AFP/Belgaimage
Mise en pages : CW Design
Imprimerie : EVMPrint (Bruxelles)

ISBN : 978-2-507-05484-7
Dépôt légal : D/2017/12.763/30

Paul Magnette

CETA

QUAND L'EUROPE DÉRAILLE

lucpire éditions

Table des matières

Avant-propos

Au cours de l'automne 2016, l'Accord économique et commercial global entre l'Union européenne et le Canada, mieux connu sous son acronyme anglophone CETA (Comprehensive Economic and Trade Agreement), a suscité de vifs débats en Europe, en raison notamment du refus exprimé par la Wallonie de signer ce traité en l'état.

En tant que ministre-président de la Wallonie, j'ai souvent été le représentant de cette fronde pour les publics extérieurs, mais ce combat fut un travail collectif, auquel ont pris part des dizaines d'hommes et de femmes. Mes collègues membres du Gouvernement wallon, et en particulier les vice-présidents Jean-Claude Marcourt et Maxime Prévot ; mes collègues ministres-présidents de la Fédération Wallonie-Bruxelles Rudy Demotte et de la Région bruxelloise Rudi Vervoort ; les principaux responsables de mon parti, le Parti socialiste (PS) belge francophone, en particulier Elio Di Rupo et Laurette Onkelinx, et de celui de notre partenaire de majorité, le Centre démocrate humaniste (cdH), en particulier son président Benoît Lutgen ; les parlementaires wallons, européens et des assemblées régionales qui nous ont soutenus ; ainsi que de très nombreux représentants des organisations syndicales, des mutualités et des associations de la société civile avec lesquels nous avons entretenu des contacts soutenus, avant, pendant et après cette négociation.

Le récit que je livre dans ces pages se fonde largement sur des sources officielles, mais aussi sur les notes prises lors des nombreuses réunions autour du CETA, et les souvenirs encore frais que j'en conserve. Il comporte donc une inévitable part de subjectivité, pleinement assumée. D'autres auraient sans doute écrit l'histoire autrement, c'est la loi du genre. J'ai tenté d'être aussi transparent que possible, n'omettant certaines conversations et échanges que pour respecter des engagements de confidentialité, ou pour ne pas blesser.

Qu'il me soit permis de remercier ici ceux qui m'ont accompagné à tous les instants dans cette aventure, et en particulier les cinq collaborateurs et protagonistes d'exception sans qui rien n'aurait été possible : Anne Poutrain, Renaud Lorand, Laurence Christians, Frédéric Masquelin et Laurent Zecchini. Ainsi que Fabienne Prévinaire, qui a sacrifié la trêve des confiseurs 2016 pour m'assister dans la composition finale de ce livre.

Introduction

Il y eut, à l'automne 2016, un « moment wallon ». En refusant de signer un accord de libre-échange entre l'Union européenne et le Canada, la région du sud de la Belgique a provoqué une confrontation politique peu commune avec les institutions européennes et attiré l'attention publique aux quatre coins de l'Europe et au-delà.

Si la résistance fut si forte en Wallonie, ce n'est pas un hasard. Dans cette région de trois millions et demi d'habitants, les citoyens mesurent au quotidien les ravages causés par des politiques européennes qui, depuis plus de trente ans, ne jurent que par la dérégulation, la liberté absolue du commerce, l'austérité imposée aux plus faibles, et dans le même temps s'avèrent incapables de faire pièce à la fraude fiscale, au dumping social et aux immenses dégâts causés par des mutations technologiques et industrielles qu'elles ne semblent même plus chercher à maîtriser.

Et si la voix de la Wallonie fut si largement entendue durant l'automne 2016, c'est parce qu'elle était beaucoup moins isolée que certains ont voulu le dire. Partout en Europe, des citoyens toujours plus nombreux expriment leur refus d'une mondialisation centrée sur la dérégulation commerciale et financière, procurant des bénéfices indécents à moins d'1 % de la population mondiale et plaçant les hommes et les femmes qui n'ont que leur travail pour richesse sous des pressions toujours plus insoutenables. Une mondialisation incapable, par ailleurs, de réserver un accueil digne aux réfugiés qui fuient la guerre et la persécution.

La saga du CETA offre, de ce point de vue, des enseignements politiques. Elle montre comment la mobilisation large d'une société civile, entendue et portée par son Parlement et son gouvernement, peut forcer les institutions européennes à sortir de leur routine et ouvrir un dialogue. Confrontée au refus de signature de la Belgique, la Commission européenne a, pour la première fois dans son histoire, négocié directement avec une région. Elle a accepté que le traité soit accompagné d'un instrument interprétatif, juridiquement contraignant, qui précise et corrige le traité sur des questions essentielles, alors que la négociation était censée être terminée.

La Wallonie n'a pas cherché cet affrontement, mais elle a entendu les craintes légitimes d'une société civile active et a respecté les droits d'un Parlement. Elle ne s'est pas battue pour des intérêts locaux, mais pour des principes et toute l'Europe bénéficiera des concessions qui lui ont été faites.

Notre isolement a rendu ce bras de fer très difficile, et il aurait pu nous coûter très cher. C'est pourquoi notre espoir le plus profond est que d'autres, en Europe, partagent cet engagement. La Commission doit comprendre qu'elle ne pourra plus jamais négocier les traités commerciaux comme avant. Et que si l'on veut réconcilier l'Union européenne avec ses citoyens, il faut entendre le désir de vivre dans un monde où tout n'est pas livré au commerce. Et comprendre que l'aspiration à une Europe qui agit dans la transparence et rend des comptes aux citoyens est plus puissante que jamais.

CHAPITRE 1

Quand la société civile s'éveille

Le 14 octobre 2016, devant le Parlement de Wallonie réuni en séance plénière, j'ai confirmé ce que j'avais déjà annoncé à de nombreuses reprises : si les institutions européennes s'obstinaient dans leur refus de rouvrir la discussion sur le CETA, la Wallonie n'octroierait pas les pleins pouvoirs au Gouvernement fédéral belge, ce qui empêcherait la Belgique de signer le traité et paralyserait l'ensemble de l'accord économique et commercial entre l'Union européenne et le Canada.

Jusqu'alors, très peu d'attention avait été portée à ces questions. Seul le quotidien *Le Soir* avait senti venir, au printemps 2016, ce qu'il appelait « La fronde wallonne sur le CETA ».

La position du Gouvernement wallon, s'appuyant sur une résolution de son Parlement, était pourtant le résultat d'un travail d'analyse dense et approfondi mené depuis plus de deux ans, qui nous avait convaincus que ce traité et tous ceux qui le suivent comportaient des vices qui devaient être corrigés d'urgence.

En Wallonie, terre de luttes sociales, d'où partirent nombre de grands mouvements de solidarité internationale, la société civile est particulièrement bien organisée. Depuis qu'elle a mesuré les dégâts causés par une mondialisation sans règles, elle a pris l'habitude d'examiner avec rigueur les projets de règlements, de directives et de traités, européens ou internationaux, qui promeuvent la libéralisation des échanges et la dérégulation de l'économie.

La Wallonie avait été en pointe, au milieu des années 1990, dans le mouvement d'opposition à l'Accord multilatéral sur l'investissement (le fameux AMI, abandonné en 1998 face à l'opposition farouche des sociétés civiles). C'est aussi en Wallonie que se forma, dix ans plus tard, un mouvement d'opposition à la directive Bolkestein sur la libéralisation des services au sein de l'Union européenne. Relayé par les formations politiques progressistes de Belgique francophone, le mouvement « Stop Bolkestein » gagna rapidement la France et l'Allemagne avant de se diffuser dans les travées du Parlement européen et de forcer la Commission à revoir son texte. Ce ne sont là que deux exemples parmi d'autres. Ils rappellent que la vigilance démocratique d'une société civile faite de grandes organisations syndicales centenaires, de mutuelles de santé très impliquées dans le débat public et de centaines d'associations actives dans des domaines aussi variés que la coopération au développement, le développement durable, la lutte contre la pauvreté et les inégalités ou la protection des consommateurs constitue le véritable terreau d'une démocratie vivante.

Malaise dans la mondialisation

Dans un discours historique prononcé devant l'Assemblée générale des Nations unies, à l'automne 1972, le président chilien Salvador Allende avait dénoncé avec force la domination brutale des multinationales qui imposent leurs lois aux États et aux peuples: « Nous sommes face à un véritable conflit entre les multinationales et les États. Ces derniers ne sont plus maîtres de leurs décisions fondamentales, politiques, économiques et militaires à cause de multinationales qui ne dépendent d'aucun État. Elles opèrent sans assumer leurs responsabilités, elles ne sont contrôlées par aucun Parlement, ni par aucune instance représentative de l'intérêt général. En un mot, c'est la structure politique du monde qui est ébranlée. Les grandes entreprises multinationales nuisent non seulement aux intérêts des pays en voie de développement, mais aussi par leurs activités asservissantes et incontrôlées aux pays industrialisés où elles s'installent. »

Quarante années plus tard, les États ont-ils repris le contrôle de leur destin ? Il y a, hélas, de bonnes raisons d'en douter. Le mouvement de concentration des richesses dans les mains d'une part toujours plus étroite de la population et du pouvoir de l'argent dans les conseils d'administration de quelques multinationales, dont le chiffre d'affaires est supérieur au produit intérieur brut d'un très grand nombre d'États, n'a fait que se confirmer. Un noyau de 1 300 multinationales représente 20 % du chiffre d'affaires mondial, et près de 60 % à travers leurs participations croisées[1].

Les nouveaux traités de libre-échange, loin de corriger cette asymétrie entre le pouvoir des multinationales et celui des États, la renforcent. Leur champ d'application s'étend, potentiellement au moins, à des compétences nationales et régionales

1. Voir Éric David et Gabrielle Lefèvre, *Juger les multinationales*, Bruxelles, Mardaga-GRIP, 2015.

très sensibles (le droit du travail, la santé et l'environnement, les services publics et la protection sociale, l'agriculture locale...). Des mécanismes toujours plus sophistiqués de résolution privée des conflits entre les États et les multinationales ont placé l'intérêt général sous une pression accrue, conduisant à la remise en cause des acquis sociaux, sanitaires et environnementaux conquis de haute lutte, quand ce n'est pas à la violation directe et massive de droits humains.

C'est parce qu'elles ont pleinement conscience de ces dangers, que les organisations de la société civile animent, en Wallonie et à Bruxelles, un débat constant sur les vices et les vertus du commerce international. Dans les centres d'étude des organisations syndicales et des ONG (organisations non gouvernementales), des chercheurs suivent l'évolution des négociations commerciales depuis des années. Ils publient régulièrement des notes d'analyse, qu'ils diffusent auprès de leurs membres et auprès des élus, contribuant à nourrir un débat public continu. Ceci explique que, dans nos régions d'apparence si paisible, la conscience des dégâts causés par les dogmes néolibéraux soit largement répandue.

Dans le discours des partisans du libre-échange, le commerce n'a que des vertus. Il permet aux pays en développement et aux pays émergents d'exporter des biens et des services vers les régions les plus industrialisées du monde, et favorise, de cette manière, leur développement et la réduction de la pauvreté. Il offre aux pays les plus riches des produits à moindre coût et crée une saine concurrence internationale qui les oblige à ne pas se reposer sur leurs lauriers mais à innover sans cesse pour rester compétitifs. L'Europe étant en panne de croissance, c'est en exportant vers les pays émergents, où la demande intérieure est forte, qu'elle peut soutenir ses entreprises et donc les emplois d'ici.

Il y a du vrai, bien sûr, dans ces arguments fondés sur une théorie classique des échanges qui n'a pratiquement pas varié depuis deux siècles. Mais ils font par ailleurs l'impasse sur les dommages causés par le libre-échange. S'il est vrai que des pays comme l'Inde et la Chine ont pu connaître une très forte croissance en augmentant leurs exportations et sortir des centaines de milliers d'hommes et de femmes de la pauvreté, les pays en développement, eux, n'ont pas bénéficié de la même dynamique. Nombre de pays africains ont été contraints de se concentrer sur les activités extractives de matières premières, dont les bénéfices sont rarement réinjectés dans leur propre pays, qui procurent peu d'avancées technologiques, et dont ne profitent finalement qu'une poignée d'actionnaires. Au sein même des pays dits développés, les effets de la libéralisation des échanges ont été contrastés. Les entreprises les plus innovantes ont gagné des parts de marché et ont pu mieux rémunérer leurs actionnaires, et parfois leurs employés. Les salariés les plus diplômés ont pu trouver, dans un monde toujours plus ouvert, de nouvelles opportunités. Mais la libéralisation du commerce et des échanges de capitaux a aussi fait de très nombreuses victimes. Le dumping social, fiscal et environnemental pratiqué par les pays émergents a placé les industries européennes sous une pression toujours plus insoutenable[2]. En Wallonie en particulier, des secteurs historiques tels

2. Voir Arnaud Zacharie, *Mondialisation : qui gagne et qui perd*, Bruxelles, La Muette, 2013.

que la sidérurgie et le verre, la chimie, le textile et la mécanique se sont retrouvés mis en concurrence avec des pays où les droits sociaux et environnementaux sont allègrement bafoués, et des dizaines de milliers d'emplois industriels ont été détruits au cours des trois dernières décennies.

Cette évolution provoque d'autant plus de mécontentement qu'elle va de pair avec d'autres mouvements issus de la logique libérale. Depuis trente ans, les institutions européennes ont porté le projet d'ouvrir à la concurrence de vastes secteurs des économies européennes qui avaient fait l'objet de monopoles publics depuis des décennies : le transport aérien, la finance, l'énergie, les postes et le transport ferroviaire. Les salariés de ces secteurs, qui sont aussi, traditionnellement, le fer de lance du mouvement social, ont été à leur tour mis sous pression. Dans le même temps, l'Union européenne s'est avérée incapable de réguler en son sein le dumping social et fiscal. Convaincus que, pour attirer les investissements, il faut se montrer accueillant à l'égard des grandes sociétés, de nombreux États ont réduit leur fiscalité sur les profits des entreprises, conduisant à une spirale vers le bas et réduisant de plus en plus la capacité d'action des autorités publiques. Depuis la crise financière internationale de 2008, l'Union européenne a en outre mis en place des mécanismes de contrôle budgétaire qui ont plongé l'ensemble du continent dans l'austérité et profondément aggravé la récession. Ce sont, à leur tour, les employés des services publics, de l'enseignement à la santé, en passant par la sécurité et la justice, qui en ont fait les frais. Faut-il s'étonner, dans ces circonstances, que tout ce qui s'apparente à une politique de dérégulation ou de libéralisation provoque dans les opinions publiques une certaine méfiance, pour ne pas dire une franche hostilité ? Si, comme les dirigeants des institutions européennes le prétendent à satiété, les politiques menées par l'Union depuis une trentaine d'années avaient tant profité aux citoyens, seraient-ils si nombreux aujourd'hui à se détourner de l'idéal européen ?

La politique commerciale de l'Union européenne inquiète parce qu'elle approfondit et aggrave ces déséquilibres. Les traités commerciaux dits « de nouvelle génération » ne sont plus de simples traités de libre-échange. Depuis la fin de la Seconde Guerre mondiale, plus de cinq cents traités commerciaux bilatéraux ont été signés, qui ont réduit à presque rien les obstacles tarifaires aux échanges de biens et de services. Pour stimuler le commerce, l'Union européenne veut désormais réduire ce qu'elle appelle « les obstacles non tarifaires aux échanges ». Comme l'écrit l'économiste Dani Rodrik de la Harvard Kennedy School, « les accords commerciaux les plus récents comportent des règles sur la “propriété intellectuelle”, la circulation des capitaux et la protection des investissements qui sont principalement conçus pour générer et préserver les profits des institutions financières et des entreprises multinationales, aux dépens d'autres objectifs politiques légitimes. Ces règles offrent une protection particulière aux investisseurs étrangers qui entrent souvent en conflit avec les normes de protection de la santé publique ou de l'environnement[3]. »

Les nouveaux traités commerciaux promus par l'Union européenne, dont le CETA est un exemple parmi d'autres, visent donc à promouvoir la sup-

3. Dani RODRIK, « Don't Cry Over Dead Trade Agreements », 15 décembre 2016, www.socialeurope.eu/2016/12/don't-cry-trade-agreements/.

pression de ces prétendus obstacles pour favoriser l'échange de biens et de services. Et c'est là, précisément, ce qui inquiète des pans de plus en plus larges des opinions publiques. Sous prétexte de soutenir la croissance, doit-on mettre en péril les règles qui protègent notre environnement, le droit du travail ou la santé publique ? Et alors que nous sommes si fiers de notre agriculture et de nos produits de terroir, et si profondément attachés à tout ce qu'ils disent de notre savoir-faire ancestral et de nos territoires, faut-il renoncer à les protéger pour favoriser les bénéfices d'une industrie agroalimentaire de plus en plus concentrée ?

La manière dont l'Union européenne négocie ces traités est, elle aussi, en cause. Certes, elle n'agit que sur base des mandats qui lui sont confiés par les États membres. Certes, elle publie certains des documents qui servent de base à cette négociation. Certes, depuis quelques années, consciente du malaise qui règne en raison de l'opacité de ces négociations, elle organise occasionnellement des forums avec des entreprises et des ONG, mais sa pratique reste très éloignée des critères de transparence et de reddition des comptes qui gouvernent nos démocraties. Comme l'écrit le philosophe Jean-Marc Ferry, on assiste ici à une « privatisation du processus politique européen. Qu'il s'agisse de tractations techno-bureaucratiques semi-privées avec des lobbys groupés autour de la rue de la Loi, à Bruxelles, ou de négociations diplomatiques discrètes avec des États ou des entités multinationales, dans les deux cas, on décide à l'écart des discussions ouvertes. On décide à l'écart de la démocratie[4]. »

4. Jean-Marc Ferry, « Non à l'Europe des portes closes », *Le Monde*, 8 novembre 2016.

C'est de la conjonction de ces phénomènes qu'est née la suspicion de plus en plus large à l'encontre du commerce international. Bien sûr, il y a souvent des raccourcis dans les débats publics. Et tous les procès que l'on a faits au CETA n'étaient pas forcément fondés. Mais ils sont le signe d'un malaise profond, dont le traité entre l'Europe et le Canada aura été un puissant révélateur.

Le dernier village gaulois ?

C'est parce qu'il était parfaitement conscient de ces défis, que le Gouvernement wallon avait inscrit dans son programme de législature, élaboré au cours de l'été 2014, le paragraphe suivant :

« Dans le cadre de ces échanges internationaux, le Gouvernement agira pour lutter contre tout risque de dumping social, fiscal et environnemental entre les États et pour promouvoir un commerce international respectueux du développement humain. [...] À cet égard, dans tous les accords commerciaux et de promotion et de protection d'investissements, conclus par la Belgique et par l'Union européenne, la Wallonie continuera à plaider pour : [...]

- le respect des droits de l'homme, du droit du travail et des normes humaines, sociales et environnementales contraignantes, accompagnées de sanctions financières ou commerciales ;
- l'inscription dans ces accords d'un échange automatique des données fiscales ; [...]
- la protection des services publics et d'intérêt général de toute marchandisation ;

– la protection et la promotion de la diversité culturelle [...] ;
– la possibilité de rejeter toute clause d'arbitrage qui porterait atteinte au respect des souverainetés nationales et régionales ; [...].

En outre, le gouvernement plaidera pour davantage de transparence dans les négociations commerciales menées par l'Union européenne. »

Le CETA n'est pas un traité commercial pire que les autres, à maints égards il est même beaucoup plus avancé que d'autres traités du même type. S'il a focalisé l'attention, c'est parce qu'il fut, par le hasard du calendrier, le premier à être soumis à l'attention du Parlement de Wallonie. Les négociations sur ce traité se sont, en effet, terminées le 26 septembre 2014, après cinq ans d'intenses échanges entre l'Union européenne et le Canada. Le mandat que la Belgique avait confié à la Commission européenne comportait à l'origine une vingtaine de pages, cinq ans plus tard, le résultat comptait plus de 230 pages de texte aride et 1 200 pages d'annexes. Afin de vérifier si les négociateurs avaient respecté les balises fixées dans le mandat initial, il fallait donc se livrer à un long travail d'analyse.

Conscients de la technicité des enjeux, les textes étant écrits dans un langage juridique complexe et ne se comprenant souvent que par référence à d'autres traités et à une vaste jurisprudence, les parlementaires wallons, bientôt suivis par leurs collègues bruxellois, décidèrent, dès l'automne 2014, deux ans avant que ne débute la saga du CETA, de procéder à des auditions. Le président du Parlement de Wallonie, André Antoine, a vite compris tout l'intérêt qu'il y avait à se saisir de ces questions. Ancien ministre, ce quinquagénaire membre du cdH est devenu président du Parlement régional à l'entame de la législature, et a très vite eu à cœur de renforcer cette institution. Il s'est inspiré des assemblées les plus dynamiques pour renforcer la qualité des débats et leur audience publique. Juriste, européen convaincu, boulimique de travail et grand amateur de joutes parlementaires, le président Antoine a joué un rôle clef dans la genèse de ces débats.

En accord avec ses collègues, il décide, à l'automne 2014, d'entamer une longue série d'auditions publiques en invitant le directeur général de la Commission européenne chargé du Commerce, le Français Jean-Luc Demarty. Cette première séance se tient le 27 novembre 2014 et dure plus de trois heures. Invité à prononcer quelques mots en introduction, je rappelle brièvement les balises de la majorité wallonne : « Nous sommes l'une des rares entités fédérées, en Europe, à avoir une politique internationale de cette ampleur et nous devons l'utiliser pleinement. L'idée de favoriser le commerce international [...] s'inscrit dans la volonté qui est la nôtre de redéployer les exportations wallonnes [mais] nous n'avons jamais, dans notre politique commerciale, accepté de brader toute une série de valeurs qui sont pour nous fondamentales. De ce point de vue, le Gouvernement, comme une large part de notre Parlement, partage le scepticisme de la société civile sur certains éléments de cette négociation. Et en particulier sur le fameux mécanisme de règlement des différends entre les investisseurs et les États. Nous avons toujours dit, aussi, combien nous pensions fondamental que les négociations soient transparentes. Ceux qui n'ont rien à cacher n'ont rien à craindre de la transparence. La protection des services publics et des services d'intérêt général est aussi pour nous un élément essentiel. La libéralisation des échanges est trop souvent une forme plus ou moins déguisée de mise en péril de ces services publics. Nous sommes extrêmement attentifs, là aussi, à cette valeur, de même qu'au respect des normes sociales. [...] Enfin, en matière agricole, nous sommes très attentifs à la défense de nos labels [...], il convient pour nous de protéger les consommateurs de toute importation de bœuf aux hormones ou de poulets traités chimiquement. Enfin, l'exception culturelle a toujours été une position sur laquelle la Wallonie a été en pointe. »

Jean-Luc Demarty prend ensuite la parole pour un exposé liminaire qui vise surtout à replacer les traités commerciaux dans leur contexte global. « Il s'agit, explique-t-il aux parlementaires, de réaffirmer notre leadership à l'échelle mondiale. Mais la première motivation, ajoute-t-il, est évidemment économique ; il s'agit d'une opportunité unique pour la croissance et pour l'emploi. L'enjeu des négociations en cours est de manière pragmatique d'éliminer les obstacles à l'intensification de ces échanges. Cela s'applique notamment aux droits de douane qui, bien que faibles en moyenne, sont encore élevés dans certains secteurs. Et de manière plus originale, cela s'applique aussi aux questions réglementaires où l'objectif est, là où c'est possible, de réduire les surcoûts générés par la duplication de nos systèmes réglementaires. Nous sommes la première puissance commerciale mondiale. Nous avons négocié des accords de libre-échange avec des dizaines de pays dans le monde. Tous nos partenaires sont demandeurs de négocier avec nous. Les États-Unis avancent en Asie avec le TPP, le Trans-Pacific Partnership, mais nous négocions de notre côté avec les mêmes partenaires, Japon et Vietnam compris. Nous avons aujourd'hui le programme de négociations commerciales le plus ambitieux au monde. »

Quant aux objections soulevées par la société civile, monsieur Demarty les balaye du revers de la main : « Le débat public autour du TTIP a fait surgir des interrogations qui, pour légitimes qu'elles soient, sont sans rapport avec la réalité. Il faut remettre de la rationalité dans le débat et dédramatiser. » Il rappelle ensuite les efforts faits par la Commission pour travailler dans la transparence, avant de conclure : « Les négociations avec le Canada sont closes et le résultat est un succès pour l'Europe. » Tout cela fut exprimé sur un ton très cordial, plein de respect à l'égard du travail des parlementaires, mais ce qui frappe les élus, et à vrai dire les agace, c'est le ton plein de certitudes du directeur général de la Commission européenne. À l'entendre, le commerce est un bien en soi, la Commission européenne négocie parfaitement, et ceux qui le contestent n'ont simplement rien compris. Je grossis le trait mais tel est, en substance, le sentiment des élus au terme de ce débat.

Une demi-douzaine de parlementaires interrogent Jean-Luc Demarty et, dès cette première séance d'auditions, on voit émerger ceux qui deviendront les principaux ténors au cours des deux années suivantes. Outre le président André Antoine et le député écologiste Stéphane Hazée, qui fut l'un des premiers à faire le lien entre le TTIP et le CETA, s'affirme un quatuor féminin : la socialiste Olga Zrihen, qui connaît parfaitement la matière et le fonctionnement des institutions européennes, l'écologiste Hélène Ryckmans, logiquement très pointue sur les questions de protection de l'environnement, l'humaniste Marie-Dominique Simonet, ancienne ministre, passionnée par les enjeux européens, et la libérale Virginie Defrang-Firket, la seule à défendre clairement les traités commerciaux et la Commission européenne, avec une belle constance et un certain courage.

Le président Antoine m'invitant à conclure, je rappelle nos sujets de préoccupation et, insistant sur l'importance de la transparence dans de telles négociations, paraphrase la célèbre militante du commerce équitable Suzanne Georges : « Les accords commerciaux négociés en secret, c'est comme Dracula, ils meurent quand ils vont au soleil », ce qui ne semble pas faire sourire monsieur Demarty. Lequel reviendra néanmoins, très aimablement, quelque temps après, débattre d'un autre traité commercial, en compagnie d'un syndicaliste.

Une deuxième audition se tient une quinzaine de jours plus tard en présence de Pierre Defraigne, professeur à l'Université catholique de Louvain et au Collège d'Europe, directeur de la Fondation Madariaga, mais surtout ancien directeur général adjoint de la puissante direction générale du Commerce au sein de la Commission européenne, et ancien chef de cabinet de Pascal Lamy, commissaire au Commerce. Pierre Defraigne est une personnalité forte et respectée dans les cénacles européens, et son parcours professionnel en fait l'un des meilleurs connaisseurs européens des enjeux commerciaux. Réputé proche des démocrates-chrétiens du cdH, il a aussi travaillé au sein de la Commission européenne avec des socialistes français et se trouve manifestement très à l'aise au cœur de la majorité progressiste du Parlement wallon.

Lors de cette première audition, Pierre Defraigne se concentre sur l'accord commercial avec les États-Unis, le fameux TTIP, et se livre à une charge d'une rare brutalité contre ce traité en particulier, et contre la politique commerciale actuelle de l'Union européenne en général ; un réquisitoire qui jouera un rôle décisif dans la prise de position des parlementaires wallons. Il commence son exposé en rappelant aux députés l'importance de leur rôle : « Le Parlement wallon aura, en fait, un mot décisif dans la ratification finale de cet accord. Et s'il use à temps de ce caractère dissuasif, de cette capacité théorique de veto, il peut influencer le cours des choses. » Voici donc les députés légitimés à jouer de leur pouvoir d'influence par un ancien chef de cabinet du commissaire chargé du Commerce. Il entre ensuite dans le fond du sujet : « Le TTIP est un projet inutile pour la croissance et l'emploi, dangereux pour notre modèle de société et notre rapport au monde, et il s'avérera très tôt – si ce n'est déjà fait – impossible en raison même de ses contradictions internes et du manque de conviction des experts, et plus encore de la méfiance de la société civile. » S'exprimant avec toute la pédagogie du professeur, Pierre Defraigne replace l'enjeu de ces traités dans son contexte international en rappelant « qu'il est d'abord le syndrome d'abandon de l'Europe devant la crise ukrainienne, devant le printemps arabe, devant les tensions accrues au Moyen-Orient, l'affirmation de l'État islamique et la montée de la Chine. Ce syndrome d'abandon vis-à-vis de l'Amérique qui se tourne vers l'Asie est en soi une faiblesse dans la négociation. L'Europe est demanderesse, et il y aura un prix à payer. » À l'entendre, la Commission européenne ferait une erreur stratégique majeure en ouvrant cette négociation avec les États-Unis. Ceci tient en partie « au rôle de l'Allemagne. Celle-ci aujourd'hui étouffe la demande intérieure en Europe par ses exigences en matière d'austérité budgétaire et salariale. Du coup, elle pousse à de nouveaux débouchés pour ses exportations. » L'Union européenne, quant à elle, « négocie un accord de libéralisation commerciale avec plus fort qu'elle. [...] Le rapport de force joue aux dépens de l'Europe. [...] L'Amérique est unie. Elle a un marché unique. En ce qui nous concerne, nous n'avons pas terminé notre marché unique dans bien des domaines. Nous sommes à vingt-huit, ils sont seuls. »

Poursuivant sur sa lancée, Pierre Defraigne émet de nombreux doutes quant aux bénéfices économiques que l'Union européenne peut tirer de ce traité avec les États-Unis, et termine par ce qu'il appelle la difficulté principale : « La convergence réglementaire, c'est-à-dire les normes, les standards, la réglementation financière et numérique, la politique de concurrence, et la politique de régulation de l'énergie, des télécommunications et des transports [...], le clash des modèles sociaux, plus inégalitaires et plus violents aux États-Unis [...], le clash des systèmes légaux » et notamment la clause d'arbitrage qui « court-circuitera notre système juridictionnel. C'est inacceptable, parce que c'est d'abord un défi à notre ordre institutionnel et à celui des États-Unis. Nous sommes des sociétés démocratiques avec des systèmes qui fonctionnent et qui garantissent l'égalité de tous devant la justice. Ensuite, parce que cette clause donne un avantage, un privilège de juridiction aux firmes étrangères que l'on ne reconnaît pas aux firmes locales, ce qui est assez singulier. Enfin, parce qu'il y a, *de facto*, un coût à ces procédures qui crée une discrimination entre les grandes entreprises et les PME. »

Pierre Defraigne conclut son plaidoyer anti-TTIP par un avertissement aux accents dramatiques : « J'ajouterai qu'il y a un risque stratégique. Ces guerres des blocs commerciaux et monétaires ne me disent rien qui vaille ; ils peuvent toujours déborder. On est encore en 2014, on célèbre les cent ans de la guerre 14-18 et l'on sait l'importance qu'a eue l'exclusion de l'Allemagne de la table du banquet des nations industrialisées. [...] on a fait la même erreur avec le Japon en 1930, [...] c'est une question extrêmement grave que je soumets à votre réflexion. »

L'exposé du professeur Defraigne est largement applaudi par des parlementaires qui n'en espéraient pas tant. Au point que les deux représentants des organisations syndicales qui le suivent auront presque l'impression d'avoir été débordés sur leur gauche. Mais alors que Pierre Defraigne s'était concentré sur le TTIP, les deux syndicalistes attireront l'attention sur un autre traité, plus discret mais dont la négociation est terminée et qui arrivera bientôt sur la table du Parlement : le fameux CETA.

Plus de trois millions de citoyens contre le TTIP et le CETA

Au fil des mois, la mobilisation de la société civile ne va pas cesser de s'amplifier. Dès l'été 2014, plus de cinq cents organisations européennes s'étaient groupées dans une plate-forme intitulée « Stop TTIP & CETA » en vue d'organiser des campagnes de sensibilisation des citoyens et d'utiliser tous les instruments démocratiques disponibles pour convaincre les institutions européennes d'arrêter ces négociations. À l'automne 2014, au moment même où le Parlement de Wallonie se saisit du sujet, la plate-forme « Stop TTIP & CETA » lance une vaste campagne européenne de pétitions. Le traité de Lisbonne a, en effet, créé une initiative européenne citoyenne afin de réduire le déficit démocratique de l'Union européenne. Ce mécanisme permet à un million de citoyens, issus de sept pays au moins, de saisir la Commission européenne pour lui demander d'agir dans un domaine de compétence de l'Union. Peu utilisé jusqu'ici, ce mécanisme démocratique original a rencontré un franc succès dans le cadre des débats sur le TTIP et le CETA. Entre le 7 octobre 2014 et le 6 octobre 2015, 3 284 289 citoyens européens ont soutenu la demande de la plate-forme, le quorum national ayant été atteint dans vingt-trois des vingt-huit États membres de l'Union européenne.

La Commission européenne a néanmoins rejeté la requête des pétitionnaires en avançant deux arguments. Elle estime, d'abord, ne pas pouvoir agir parce que les mandats de négociation sur le TTIP et le CETA ne sont pas encore des actes officiels mais seulement des pourparlers internes et préparatoires. Ce n'est pas le moindre des paradoxes. D'un côté, on reproche régulièrement à la société civile de n'intervenir qu'après que les négociations sont terminées mais, d'un autre côté, on lui conteste le droit d'agir sur des documents qui ne sont pas encore finalisés. Ensuite, la Commission européenne affirme qu'elle ne peut pas faire des propositions négatives de ratification et qu'il lui est donc impossible d'accéder à la demande des plus de trois millions de citoyens qui ont signé la pétition. Le 10 novembre 2014, la coalition « Stop TTIP & CETA » a dès lors déposé une plainte contre la Commission auprès de la Cour de justice de l'Union européenne afin de la forcer à revenir sur sa décision.

Dans le même temps, en Wallonie, la société civile continue de s'organiser. Les trois grandes organisations syndicales, les principales mutualités nationales, et tout ce que la Belgique compte d'associations actives dans les domaines de l'environnement, de la coopération au développement, de la lutte contre la pauvreté, de la défense des droits de l'homme et de la protection des consommateurs, se sont réunies en une plate-forme pour dénoncer les dangers du TTIP et du CETA, susciter un vaste débat public et faire pression sur les élus. La plate-forme fait signer des pétitions, organise des manifestations publiques et des débats un peu partout dans les trois Régions du pays, en particulier en Wallonie et à Bruxelles, et rédige une déclaration conjointe qu'elle adresse aux élus de tous les niveaux de pouvoir. Suivant le mouvement, de nombreuses villes et communes de Belgique se déclarent « hors TTIP » et planifient l'organisation d'un grand sommet des villes et régions hors TTIP et hors CETA. Je recevrai d'ailleurs les représentants wallons de cette plate-forme à l'Élysette, le siège du Gouvernement de Wallonie à Namur, le 25 septembre 2015, quelques jours avant de rencontrer pour la première fois la commissaire européenne au Commerce,

Cecilia Malmström. Et au nom du Gouvernement, je les assurerai de mon soutien.

De leur côté, les parlementaires wallons, comme leurs homologues bruxellois, ne désarment pas. Tout au long de l'année 2015, les auditions, questions orales, questions écrites et propositions de résolutions se succèdent. Le Comité d'avis chargé des questions européennes se réunit tous les mois au cours de l'hiver et du printemps 2015 pour entendre des parlementaires européens, des représentants de la Fédération belge des entreprises, des organisations syndicales, du monde agricole et de la Coordination nationale pour la coopération au développement, ainsi que plusieurs officiels s'exprimant au nom de l'Union européenne et du Canada.

Se fondant sur ces riches débats, le Parlement de Wallonie adopte, le 7 mai 2015, une première résolution sur le TTIP, qui invite le Gouvernement wallon à « agir auprès du Gouvernement fédéral pour suspendre les négociations afin de procéder à une évaluation de l'état d'avancement de celles-ci, de redéfinir le mandat octroyé à la Commission européenne après un débat au sein du Parlement européen et de fixer les balises claires et respectueuses des valeurs européennes et les objectifs des phases ultérieures de la négociation ». Les parlementaires y réaffirment clairement leurs ambitions : ils veulent des garanties en matière d'environnement, de santé et de protection des consommateurs, dénoncent la mise en place de tribunaux d'arbitrage privés, demandent la protection des services publics, de la sécurité sociale, de l'agriculture, de la sécurité alimentaire et de l'exception culturelle. En un mot comme en cent, ils refusent toute limite à la capacité des États à réguler et rejettent tout mécanisme d'arbitrage des conflits entre les États et les multinationales qui pourrait conduire à remettre en cause les normes protégeant l'intérêt public. Ils exigent aussi que les négociations soient menées dans la plus grande transparence et que la Commission européenne rende régulièrement des comptes aux élus.

Les débats parlementaires se poursuivent inlassablement tout au long de l'été et de l'automne 2015. Le 29 septembre, le Parlement wallon reçoit à nouveau Pierre Defraigne. L'ancien chef de cabinet du commissaire au Commerce est, cette fois, beaucoup plus modéré que lors de sa première audition. Alors qu'il avait fourbi toutes les armes contre le TTIP et incité les parlementaires à la fronde, il porte sur le CETA un jugement plus modéré. Dès l'entame, il dit aux parlementaires qu'ils ont devant eux un traité « qui, au fond, est foncièrement un bon traité. Je veux dire que, dans le genre, c'est un traité assez équilibré, ce qui est un peu logique entre une petite entité comme le Canada et son grand frère européen qui est dix fois plus gros. » Mais ces précautions oratoires prises, Pierre Defraigne soulève à nouveau des objections essentielles : « Malgré l'élan de sympathie que j'ai *a priori* pour le texte, il y a des questions très fondamentales à se poser. » Alors que l'Union européenne et le Canada partagent des valeurs très proches, on pourrait s'attendre à ce qu'ils fixent un niveau de protection du droit très élevé, lequel devrait servir d'étalon pour les traités à venir. Mais à l'analyse, « on est déçu d'abord par la timidité des provisions, des dispositions en matière de travailleurs et d'environnement. On retrouve la rhétorique habituelle. Tous les accords existants sont intégrés. Il y a des procédures de surveillance et même de consultation, mais il n'y a pas de dispositif de sanction. » Il demande ensuite : « [Pourquoi] n'avons-nous pas ajouté les matières qui, à mon sens, aujourd'hui, trouvent leur place dans la négociation commerciale mais que l'Europe refuse hardiment d'intégrer. Il s'agit de la fiscalité. Pourquoi est-ce important ? Parce qu'au fil des années, on a vu que le nouveau commerce international, notamment avec la chaîne globale de valeur, le fait que les entreprises multinationales disséminent des segments de la chaîne de production à travers le monde entier, permet à ces multinationales de jouer sur les prix de transfert et donc d'éluder l'impôt là où [elles] veulent l'éluder et de le localiser là où cela les arrange bien. Ce pouvoir formidable donné aux multinationales d'arbitrer entre les systèmes fiscaux à travers la chaîne globale de valeur est un fait nouveau du commerce international dans cette ampleur-là. Vous connaissez les chiffres. Ils sont absolument sidérants. L'OCDE dit, aujourd'hui, qu'il y a près de mille milliards de dollars qui se perdent en impôts non payés par les plus grandes entreprises. Forcément, qui paye la différence ? C'est inévitablement les PME et les travailleurs. » Pierre Defraigne termine en s'interrogeant sur la clause d'arbitrage. Tout en se disant intéressé par les nouvelles propositions formulées par la Commission européenne à cet égard, il ne cache pas son scepticisme. Dans le cadre du TTIP, la Commission européenne a en effet accepté de remplacer l'ancien mécanisme d'arbitrage par un autre, qui donne plus de garanties juridictionnelles, mais elle a également indiqué que la négociation avec le Canada étant close, le nouveau mécanisme ne pourra pas figurer dans le CETA. Pierre Defraigne conclut : « Pardonnez-moi de vous le dire, mais ils sont en train de rendre le CETA périmé avant usage. Sinon, c'est le "piège à cons", si je peux me permettre. »

Il conclut son intervention par une invitation prudente à l'action : « Je mesure votre responsabilité dans cette affaire, parce qu'il faut un fameux cran, au peuple wallon ou aux peuples wallon et bruxellois [...]. C'est véritablement, à mon sens, exemplaire. C'est quelque chose à la fois de culotté et d'admirable. C'est tout que je peux dire, mais c'est vous qui assumez, ce n'est pas moi. Je ne vais pas vous pousser plus loin que je ne le dois. Ce n'est de toute façon pas mon rôle. » Tout en faisant mine de ne pas inciter les parlementaires à agir, Pierre Defraigne les encourage à ne pas renoncer à leur pouvoir d'influence.

D'un point de vue purement formel, rien n'obligeait le Gouvernement wallon à suivre les propositions du Parlement à ce stade. Juridiquement, le Gouvernement aurait très bien pu accepter la signature du CETA sans l'aval du Parlement, lequel aurait néanmoins conservé le droit de ne pas le ratifier ensuite. Mais les institutions européennes avaient décidé que le CETA serait d'application provisoire dès la signature, donc sans attendre la ratification parlementaire. Dès lors, nous avons fait le choix d'anticiper le débat parlementaire dès le stade de la signature, ce qui est très inhabituel. Ceci ne semble pas avoir été bien compris par les institutions européennes qui, habituées aux difficultés politiques qui se font jour dans les assemblées, comptent sur les exécutifs pour museler leur majorité parlementaire et signer le traité sans débat.

C'est d'ailleurs, hélas, ce qui s'est produit, cette fois encore, dans la quasi-totalité des États membres. Même si formellement rien ne nous obligeait à écouter le Parlement à ce stade de la procédure, nous n'imaginions pas une seconde d'ignorer son avis, alors que nos parlementaires passaient des dizaines et bientôt des centaines d'heures à analyser ce traité, en écoutant attentivement les experts et les représentants de la société civile. Ce choix politique, qui constitue un vrai renforcement de la démocratie parlementaire, opéré en toute complicité entre le président du Parlement André Antoine et le Gouvernement wallon, me fut souvent reproché par le Gouvernement fédéral belge et par les institutions européennes. Mais il fut aussi très utile : dans les moments de plus haute tension, et sous les plus intenses pressions, le fait de rappeler que notre refus de signer s'appuyait sur une large majorité parlementaire, regroupant pratiquement les deux tiers des élus, a renforcé notre capacité de résistance.

CHAPITRE 2
Le sourire de Cecilia

Au cours de l'été 2015, encouragé par la mobilisation de la société civile et la détermination du Parlement de Wallonie, j'avais demandé audience à la commissaire européenne au Commerce, la libérale suédoise Cecilia Malmström. Je voulais lui expliquer qu'à une petite heure de route de son bureau du Berlaymont à Bruxelles, un débat passionnant sur le TTIP et le CETA se menait de semaine en semaine, et qu'il jouissait d'un large soutien dans l'opinion publique. J'espérais, sans trop y croire, connaissant la ferme volonté de la Commission de faire aboutir les processus de signature et de ratification du CETA dans les meilleurs délais, la convaincre de rouvrir les négociations. J'avais préparé à cette fin un petit document de synthèse résumant les balises fixées par le Parlement de Wallonie, afin de lui exposer en termes concis les amendements qui nous paraissaient nécessaires pour rendre ce traité conforme aux attentes exprimées non seulement par la Wallonie, mais aussi par un large mouvement de la société civile dans toute l'Europe.

Cette rencontre très attendue aura finalement lieu le 2 octobre 2015, un an après le début des débats parlementaires en Wallonie. En chemin vers le Berlaymont, je consulte la page consacrée à Cecilia Malmström sur Wikipédia et découvre le profil d'une commissaire atypique. Avant d'étudier les sciences sociales en Suède, elle a vécu en France où elle a étudié la littérature. Elle est donc parfaitement francophone, ce qui est de plus en plus rare dans les cénacles européens. Son parcours professionnel est intriguant. Avant de se lancer en politique, elle a travaillé dans le privé, a été trois ans infirmière psychiatrique et s'est fait remarquer en proposant, dans un climat xénophobe de plus en plus oppressant, de militer contre l'extrémisme de droite. Cecilia Malmström semble donc appartenir à cette catégorie politique en voie de disparition des « vrais libéraux » : partisane de la liberté dans les affaires économiques, elle défend aussi âprement les libertés publiques, même à contre-courant de l'opinion dominante. Au sein de la Commission européenne, elle a d'abord été chargée des Affaires intérieures entre 2010 et 2014 avant de se voir confier le prestigieux portefeuille du Commerce par Jean-Claude Juncker, à l'automne 2014. Active en cette matière depuis une petite année donc, elle a pour mission principale de mener à bon port le TTIP et le CETA, et mesure bien, à la lumière des vastes contestations que ces traités ont suscitées dans la société civile, toute la difficulté de la tâche.

Naïvement sans doute, je m'attends de la part d'une personnalité au parcours si singulier à une certaine compréhension à l'égard des préoccupations exprimées par la société civile et le Parlement de Wallonie. Je vais rapidement déchanter.

Arrivé au Berlaymont, je reçois un accueil très cordial. Après quelques minutes d'attente, la commissaire m'accueille personnellement, en français, et avec un large sourire. Vu de l'extérieur, on pourrait penser que Cecilia et moi nous connaissons depuis longtemps, alors qu'il s'agit de notre première rencontre. Je comprends très vite que le sourire de Cecilia n'est qu'une façade. Une manière de dissimuler un agacement face à ceux qui ont l'impudence de critiquer les négociations menées par la Commission européenne et qui risquent de faire perdre du temps à une institution débordée par les négociations bilatérales et multilatérales qu'elle mène de front avec une soixantaine d'États. Nous prenons place autour de la grande table de son lumineux bureau et j'expose succinctement les raisons qui m'amènent. La société civile est inquiète des conséquences possibles du TTIP et du CETA, expliquai-je, le Parlement de Wallonie, doté des mêmes compétences constitutionnelles qu'un Parlement national, sera amené, un jour, à ratifier ce traité. Afin de ne prendre personne par surprise, il a énoncé un certain nombre de balises qu'il m'a chargé de transmettre. Je lui explique que ma démarche est préventive, que je mesure bien la complexité de sa tâche, mais que j'ai le sentiment que les suggestions que nous formulons sont largement partagées par d'autres en Europe et qu'il serait sage de prendre un peu de temps pour réexaminer les textes et voir comment répondre à ces préoccupations légitimes. En conclusion, je lui indique que si nos balises ne devaient pas être rencontrées, nous ne serions pas en état de ratifier ces traités. Je n'ai pas dû prendre plus de sept ou huit minutes.

La commissaire prend alors la parole à son tour, me répond qu'elle me remercie de cette démarche, qu'elle comprend parfaitement les inquiétudes exprimées, car elles l'ont été aussi par d'autres représentants nationaux, mais m'indique qu'hélas, le processus est aujourd'hui extrêmement avancé et qu'il paraît difficile de revenir en arrière. Nous abordons la question délicate des arbitrages privés et elle m'explique que, dans le cadre du TTIP, elle a négocié avec les États-Unis un nouveau mécanisme qui remplacera le vieux système ISDS[5]. Un système juridictionnel public (International Court System) sera établi, composé de quinze juges désignés par les parties, à savoir les États-Unis et l'Union européenne. Elle pense que ce mécanisme est progressivement destiné à remplacer les anciennes formes d'arbitrage privés et que c'est là un grand progrès. Elle m'indique néanmoins que la négociation du CETA étant terminée, il sera sans doute impossible de revenir sur cet aspect dans le cadre de l'accord que l'Union européenne a formalisé avec le Canada. Nous passons également en revue les autres balises que j'ai mentionnées. Et, toujours avec le même sourire, elle m'explique, patiemment, que toutes nos craintes sont infondées. À l'entendre, le CETA ne menace pas le droit social, ni les normes environnementales et sanitaires, il respecte les services publics et la sécurité sociale. Les Canadiens sont nos amis, ils partagent nos valeurs, nous avons donc pu former avec eux un « accord très progressiste ».

Nous parlons encore un peu de procédure. Je lui rappelle que la Wallonie n'est pas favorable à l'entrée en vigueur provisoire de tels traités, parce que cela revient à priver les Parlements de leur pouvoir de ratification et que nous considérons que le TTIP

5. Les mécanismes ISDS (Investor-State Dispute Settlement), présents dans de nombreux accords de libre-échange, permettent à une entreprise d'attaquer un État devant un tribunal arbitral international privé lorsqu'elle estime que les décisions de cet État ont nui à ses intérêts économiques et financiers.

et le CETA sont des « traités mixtes ». C'est une question technique, mais fondamentale. L'Union européenne dispose, en effet, d'une compétence exclusive en matière de négociation commerciale. Cela signifie qu'un traité commercial signé par l'Union européenne entre en vigueur et déploie donc tous ses effets dès qu'il a été approuvé par le Conseil des ministres de l'Union européenne et par le Parlement européen. Mais lorsqu'un tel traité touche à des compétences des États membres ou de leurs régions, il peut être considéré comme un « traité mixte », c'est-à-dire un traité qui relève à la fois de la compétence de l'Union européenne et de celle de ses États membres. Dans ce cas, pour entrer en vigueur, il doit être approuvé non seulement par le Conseil et le Parlement européens, mais aussi ratifié par l'ensemble des Parlements des États membres, ce qui, en Belgique, implique aussi un vote favorable des Parlements des entités fédérées. La commissaire Malmström me répond que cette question n'est pas tranchée au sein de la Commission européenne. Les services juridiques considèrent que le CETA relève de la compétence exclusive de l'Union européenne et qu'il ne doit donc pas être ratifié par les Parlements des États membres. Mais il n'est pas impossible que les États membres eux-mêmes en décident autrement. Si tel devait être le cas, le Parlement de Wallonie serait amené, un jour, à se prononcer.

Au vu de ces échanges, la Commission européenne devrait avoir conscience du fait que nos objections peuvent conduire à un blocage. Mais Cecilia Malmström est confiante en sa capacité de nous convaincre. Elle propose de se rendre à Namur, au siège du Parlement de Wallonie, pour répondre aux interrogations des députés. Je la remercie de cette proposition que je m'engage à relayer auprès du président du Parlement, mais je crains que la commissaire surestime sa force de persuasion. Un an d'auditions et de débats au sein du Parlement, en présence d'experts, d'officiels et de représentants de la société civile, a solidement armé nos élus. Ils connaissent parfaitement le traité et ses annexes, et je doute que deux ou trois heures de débats puissent lever leurs objections. Rendez-vous est néanmoins pris. Nous sortons du bureau de la commissaire, un de ses collaborateurs suggère que nous prenions une photo devant le drapeau étoilé de l'Union européenne, en nous serrant cordialement la main. J'accepte bien volontiers. Sur la photo, le sourire de la commissaire est plus franc que le mien.

Dialogue de sourds

Tout au long de l'automne, le Parlement de Wallonie poursuit son patient travail d'analyse. Il reçoit un avocat spécialisé dans les mécanismes d'arbitrage pour se faire expliquer en détail le fonctionnement de l'ISDS et les risques qu'il fait courir à l'intérêt public, les représentants de fédérations européennes de syndicats ainsi que des chercheurs et militants spécialistes des questions du commerce international, notamment Raoul-Marc Jennar, grand connaisseur et pourfendeur de ces négociations auxquelles il reproche autant leur manque de transparence que leur aveuglement idéologique.

Le 29 janvier 2016, comme elle l'avait promis, la commissaire Cecilia Malmström se rend au Parlement de Wallonie. Le président Antoine rappelle que nous tenons, ce jour-là, la 22e séance de travail consacrée à ces traités commerciaux. L'assistance est nombreuse, tant du côté des parlementaires que des représentants de la société civile. La commissaire Malmström semble de bonne humeur, toujours aussi souriante, et s'exprime dans un excellent français, ce qui est apprécié du public. Elle commence par expliquer qu'elle comprend qu'« un débat intense et émotionnel est très répandu. C'est une bonne chose. » Elle rappelle ensuite que l'agenda de la Commission européenne est très chargé : « Nous négocions en ce moment ou préparons vingt différentes négociations avec un total de soixante pays », parmi lesquels le Japon, la Chine, le Mexique, l'Australie, la Nouvelle-Zélande et de nombreux pays africains. Elle se dit consciente du fait que l'intérêt porté à la politique commerciale aujourd'hui est beaucoup plus important que dans le passé. Elle a d'ailleurs déjà visité dix-sept États membres et en est à sa vingtième visite d'un Parlement national ou régional, précisant au passage « que le système belge, c'est bon pour [s]es statistiques ».

Elle tente ensuite de rassurer les parlementaires sur son attachement à la transparence : « Je viens d'un pays, la Suède, qui a la transparence des services publics inscrite dans la loi depuis presque quatre cents ans. Pour nous, c'est naturel. » Sa stratégie, dit-elle ensuite, est celle d'un « commerce pour tous » qui ne doit pas mettre en cause la protection des consommateurs, de l'environnement ou les législations sociales. Les services publics sont, à l'entendre, parfaitement protégés. Elle expose enfin sa volonté de revoir les mécanismes de protection des investissements tant décriés, en proposant une approche nouvelle, avancée dans le cadre des négociations du TTIP, et dont elle espère qu'elle devienne la référence pour tous les accords bilatéraux.

Les parlementaires ont écouté ce discours avec attention et respect, mais ils ne semblent pas avoir été rassurés. La députée humaniste Marie-Dominique Simonet rappelle les balises du Parlement de Wallonie : le rejet des mécanismes d'arbitrage privés ; le refus de considérer qu'*a priori* tous les secteurs doivent être ouverts à la libéralisation, sauf ceux qui figurent sur une « liste négative » ; l'attachement aux services publics et aux services d'intérêt général ; la demande d'une exception agricole et d'une exception culturelle. La députée socialiste Olga Zrihen enchaîne en rappelant que le Parlement ne se soucie pas seulement du TTIP mais également du CETA, et que les Wallons sont nombreux à craindre que le traité signé avec le Canada puisse être un cheval de Troie au profit des multinationales américaines ; une préoccupation qui sera, par la suite, largement partagée. Après qu'une dizaine d'autres parlementaires se sont exprimés à leur tour, sur la même tonalité, la commissaire Malmström entonne son credo : « Le commerce a été une force incroyable pour lutter contre la pauvreté globale. Il constitue une très bonne chose pour l'économie, mais pas sans règles, bien évidemment. » Elle rappelle que les États-Unis viennent de signer des accords commerciaux avec onze pays et que si l'Europe ne s'engage pas à son tour dans de telles négociations, elle sera très isolée.

Quittant le registre géopolitique pour en venir au terrain de la vie quotidienne, elle souligne que « dans les commerces, il y aura plus de produits et de choix. Les produits américains qui sont un peu chers à cause des douanes, comme les choses techniques, les téléphones, les jeans et tout cela, seront moins chers parce qu'il n'y aura plus de douane. C'est une bonne chose.» À la fin de son intervention, la commissaire esquisse une argumentation qui deviendra chez elle un leitmotiv: «Dans vingt-quatre pays sur vingt-huit, une majorité de citoyens y est favorable. Ce n'est pas juste de dire que tout le monde est contre. Dans vingt-quatre pays, selon bon nombre de sondages, la majorité des citoyens y est favorable.» Sous-entendu: vous êtes largement isolés.

Invité à conclure par le président Antoine, je remercie la commissaire pour sa présence et le temps qu'elle nous a consacré, et lui rappelle que si cet accord devait être considéré comme mixte, nous serions amenés à nous prononcer sur le texte au même titre que les gouvernements et Parlements nationaux d'autres États membres. «Nous ne voudrions pas vous prendre en traître et nous vous disons: voilà ce que, pour nous, seront les balises à la lumière desquelles nous procéderons à l'examen et déciderons si nous signerons ce traité et le soumettrons à ratification, le jour où il nous sera soumis.»

L'échange de vues a duré deux bonnes heures, il a été cordial mais ne semble pas avoir fait progresser la compréhension de nos préoccupations. Nous demeurons dubitatifs. La commissaire fait certes le tour des États membres et des Parlements «les plus récalcitrants» – selon ses termes –, mais elle ne semble pas prête à rouvrir quelque négociation que ce soit. Nous nous dirigeons donc lentement, inexorablement, vers une impasse. Nous avons, en tout cas, le sentiment d'avoir tiré la sonnette d'alarme. La Commission européenne n'ignore pas quels sont nos pouvoirs, elle connaît parfaitement nos attentes, la balle est dans son camp.

Infatigable, le Parlement de Wallonie poursuit ses auditions et ses débats tout au long de l'hiver et du printemps 2016. Il reçoit cette fois des représentants de la société civile, de la fonction publique wallonne, des professeurs de droit et d'économie... Chacun des groupes du Parlement prépare de nouvelles propositions de résolution sur le CETA afin d'exprimer, dans la plus grande clarté et dans un texte officiel, la position de la Wallonie.

Le 27 avril 2016, une large majorité se dégage au sein du Parlement de Wallonie, associant les socialistes, les humanistes et les écologistes, soit près des deux tiers des élus, autour d'une résolution entièrement consacrée au CETA. Ce texte, délibérément concis et précis, reprend l'ensemble des principes qui ont été énoncés par les organisations de la société civile, et repris à leur compte par les parlementaires en Wallonie et à Bruxelles. Il servira de cadre de référence aux négociations que le Gouvernement wallon mènera avec la Commission européenne quelques mois plus tard. Le Parlement y demande au Gouvernement wallon d'agir auprès du Gouvernement fédéral pour solliciter l'avis de la Cour de justice de l'Union européenne sur la compatibilité du CETA avec le traité européen, de plaider pour que le CETA soit qualifié d'accord mixte, de refuser toute mise en œuvre provisoire du traité. Il demande au Gouvernement wallon de ne pas accorder les pleins pouvoirs au Gouvernement fédéral pour la signature du CETA. Et rappelle ses exigences en matière de respect des droits de l'homme, de diversité culturelle, d'exception agricole, de normes contraignantes sur le développement durable, de protection des services publics et des clauses sociales et environnementales dans les marchés publics, de soutien aux petites et moyennes entreprises, de respect du principe de précaution et de la transparence des négociations. À partir du printemps 2016, et jusqu'à la fin des négociations menées avec la Commission européenne et le Gouvernement fédéral belge, le 28 octobre de la même année, le texte de cette résolution sera ma bible.

Derniers avertissements

Une nouvelle étape essentielle dans la saga du CETA est franchie le 5 juillet 2016. Depuis le début des discussions, les autorités wallonnes ont plaidé pour que le traité soit considéré comme un accord mixte, afin de disposer du droit d'intervenir dans les procédures de signature et de ratification, et de bénéficier, par là, d'un réel pouvoir de négociation avec les institutions européennes.

Le 5 juillet, la Commission européenne publie enfin sa proposition de décision. Elle rappelle que, dans une affaire pendante devant la Cour de justice de l'Union européenne, « la Commission a fait valoir que l'Union dispose de la compétence exclusive pour conclure seule un accord commercial avec Singapour et, à titre subsidiaire, qu'elle dispose au moins d'une compétence partagée dans les domaines où la compétence de l'Union n'est pas exclusive ». En langage courant, cela signifie que la Commission espérait pouvoir se passer de la ratification des vingt-huit États membres. Elle reconnaît toutefois que « de nombreux États ont exprimé une opinion différente. Compte tenu de ce qui précède, et afin de ne pas retarder la signature de l'accord, la Commission a décidé de proposer la signature de l'accord en tant qu'accord mixte. » En d'autres termes, la Commission a conscience que si elle prend à rebrousse-poil les vingt-quatre États membres qui considèrent que ce traité doit être un traité mixte, elle prend un risque politique considérable.

Voilà pour la Wallonie une excellente nouvelle. Puisque l'on a besoin de notre accord, on ne pourra pas nous ignorer. En tant que ministre-président, il me revient de faire connaître la position de la Wallonie à la fois au Gouvernement belge et aux institutions européennes. Je pense à ce moment-là que chacun connaissant le pouvoir qui est le nôtre dans cette procédure, et personne n'ignorant nos revendications, l'été pourra être mis à profit pour ouvrir des discussions visant à améliorer le traité. Nous n'aurons de cesse, entre ce fameux 5 juillet et le début des négociations avec la Commission européenne trois mois plus tard, de tirer la sonnette d'alarme. Entre les mois de juillet et octobre 2016, pas moins de neuf réunions de coordination internes belges se sont tenues, au cours desquelles les représentants de la Wallonie ont inlassablement répété nos objections. Au cours de la même période, neuf réunions du Comité des représentants permanents (la réunion des diplomates représentant les États membres qui préparent le travail du Conseil des ministres de l'Union européenne) se sont tenues, au cours desquelles le représentant permanent de la Belgique a rappelé notre position.

Parallèlement, mesurant que les tensions risquent de s'intensifier au cours des prochaines semaines, j'entame des contacts avec nos partenaires canadiens. Le 8 juillet, je m'entretiens longuement au téléphone avec mon homologue Philippe Couillard, le Premier ministre du Québec. Je lui indique que si le texte ne change pas, nous ne serons pas en mesure de le soutenir, ce qui bloquerait l'ensemble du processus. Nous évoquons alors les différentes pistes possibles de révision du texte. M'étant fait conseiller par des spécialistes en droit international, je suggère au Premier ministre Couillard d'explorer la voie d'un instrument interprétatif, au sens de la convention de Vienne sur le droit des traités. Rouvrir purement et simplement les négociations entre les vingt-huit États membres de l'Union européenne et le Canada aurait présenté un inconvénient majeur. La procédure est telle que dans ces négociations, le pouvoir de contrôle et d'influence des régions est extrêmement dilué. Nous pouvons faire part de nos préoccupations au Gouvernement fédéral, qui à son tour les transmet à la Commission européenne, laquelle négocie directement avec le Canada. Nous ne sommes donc pas directement autour de la table et l'expérience montre que le Gouvernement fédéral « oublie » certaines de nos préoccupations et qu'à son tour la Commission européenne en « oublie » beaucoup d'autres. Nous avons donc tout intérêt à trouver une méthode d'amendement qui nous permette de nous inviter directement à la table des négociations. Le Premier ministre Couillard, qui dirige la belle province québécoise, très attachée elle aussi à son autonomie et à ses droits constitutionnels, semble avoir bien compris ce raisonnement et me promet de s'en faire le relais auprès des autorités fédérales canadiennes à Ottawa.

Quelques jours plus tard, j'écris au ministre belge des Affaires étrangères, Didier Reynders, pour lui indiquer qu'en l'état actuel des choses, la Wallonie n'est pas en mesure de lui octroyer une délégation de signature. En d'autres termes, la Wallonie empêche la Belgique de signer le CETA. Mes collègues ministres-présidents de la Région bruxelloise et de la Fédération Wallonie-Bruxelles, avec lesquels nous entretenons des contacts continus sur ces sujets, font de même.

Ces avertissements ne semblent pas produire beaucoup d'effets. Croisant Didier Reynders lors de la Fête nationale du 21 juillet, nous abordons brièvement cette question. C'est aussi à cela que servent de telles célébrations. En marge des festivités se nouent des contacts informels qui, bien souvent, permettent, dans un petit pays compliqué comme la Belgique, d'engager de nouvelles négociations. Didier Reynders me répond que le problème est réglé, puisque le mécanisme d'arbitrage des différends prévu par le CETA ne fera pas partie des dispositions qui seront d'application provisoire après la signature du traité. Fin politique, il sait que ce fameux mécanisme d'arbitrage a cristallisé une grande partie des débats en Wallonie et pense sans doute m'offrir là un motif qui devrait suffire à convaincre les parlementaires wallons de renoncer à leurs objections. En compagnie de mon collègue Rudy Demotte, ministre-président de la Fédération Wallonie-Bruxelles, j'explique au ministre des Affaires étrangères que je doute vivement que cette modeste concession suffise à convaincre les parlementaires. Le défilé va commencer, notre conversation s'interrompt, nous nous asseyons et regardons passer en silence, pendant deux longues heures, les troupes, les avions et les chars de l'armée belge.

Le séisme Caterpillar

La rentrée 2016 est marquée par un drame social majeur. Le 2 septembre, la direction américaine du groupe Caterpillar annonce brutalement son intention de fermer complètement et définitivement le site de production de Gosselies. Plus de 5 000 ouvriers et employés de Caterpillar et de ses sous-traitants perdront leur emploi. La Wallonie est sous le choc. Après m'être entretenu par téléphone avec le Premier ministre Charles Michel, nous convenons de recevoir ensemble les organisations syndicales à l'Élysette, le siège du Gouvernement wallon à Namur. Au-delà de nos divergences politiques, nous devons constituer une union sacrée pour porter la réplique aux dirigeants de la multinationale américaine. Dans la grande salle de réunion en bord de Meuse, l'atmosphère est lourde, l'émotion palpable. Les dirigeants des organisations syndicales font preuve d'une sérénité exemplaire face à la violence aveugle des dirigeants de Caterpillar. Antonio Cocciolo, conduisant la délégation du syndicat socialiste, replace ce drame dans son contexte global et nous dit qu'il espère que, cette fois, tout le monde a compris le danger de traités tels que le TTIP et le CETA. Le lendemain, à Charleroi, prononçant mon traditionnel discours des Fêtes de Wallonie dans la grande salle de l'Hôtel de Ville, j'ai, face à moi, des hommes et des femmes en pleurs lorsque j'évoque la tragédie des familles frappées par ce drame social, et je dois plusieurs fois me racler la gorge pour éviter de céder à mon tour à l'émotion.

Après celle de Caterpillar, la décision de la banque ING, un mois plus tard, de licencier à son tour des milliers de travailleurs, alors qu'elle fait de plantureux bénéfices, accentuera encore la colère populaire contre ces multinationales qui semblent n'avoir aucun respect pour leurs employés ni pour le pays qui les accueille. De tels événements ont, bien évidemment, un impact sur la conscience collective et n'ont pu qu'aiguiser le rejet par l'opinion de traités tels que le TTIP et le CETA.

Sollicitant un rendez-vous à la Commission européenne pour examiner les pistes de réplique au groupe Caterpillar, je suis très rapidement reçu par le président de la Commission, Jean-Claude Juncker, et les commissaires Jyrki Katainen et Marianne Thyssen. Nous évoquons les pistes qui peuvent être mobilisées le plus rapidement pour venir en aide aux travailleurs, mais aussi les chantiers que l'Europe doit d'urgence ouvrir pour éviter d'autres drames de ce type. Je rappelle l'impératif de mettre en place une politique industrielle européenne, de réviser les directives sur le détachement des travailleurs qui produisent un terrible dumping social, d'assouplir les normes comptables européennes qui freinent la capacité d'investir des autorités publiques, ou encore la nécessité de réviser rapidement la « directive Renault » pour mieux défendre les droits des travailleurs en cas de licenciement collectif. Face à moi, un vice-président Katainen sceptique m'explique que de telles tragédies sont inévitables, qu'il en a vécu aussi en Finlande et qu'au fond, c'est peut-être une chance d'accélérer la modernisation de nos économies.

Marianne Thyssen, belge et démocrate-chrétienne, est plus ouverte. Elle rappelle le travail qu'elle mène pour convaincre les États membres de réviser la directive sur le détachement des travailleurs et lutter contre le dumping social et, du bout des lèvres, confirme ce qu'elle a dit quelques jours plus tôt: il faut assouplir les règles du Pacte de stabilité pour donner davantage de marges budgétaires aux États. Jyrki Katainen laisse échapper un rictus d'agacement et le Luxembourgeois Jean-Claude Juncker, en vieux renard de la politique, interrompt ses deux commissaires, pour leur faire comprendre que le moment n'est pas venu d'exposer, devant un public venu pour d'autres motifs, les divergences internes de la Commission. Le président s'éclipse rapidement en m'assurant de sa disponibilité et en me gratifiant d'une chaleureuse accolade, comme il aime tant à le faire.

Le CETA n'est jamais très loin. À peine sorti de la réunion, je suis interpellé par le représentant permanent de la Belgique auprès de l'Union européenne, l'ambassadeur François Roux, qui vient de prendre ses fonctions. Il me demande quand nous avons l'intention de déléguer la signature au ministre des Affaires étrangères pour que la Belgique puisse enfin signer le traité. Nous n'y sommes pas encore, me dit-il, mais nous nous approchons dangereusement du «*splendid isolation*». En termes diplomatiques, cette expression, qui rappelle le choix du Royaume-Uni au XIXe siècle de se tenir à l'écart des alliances continentales, renvoie à la situation d'impuissance dans laquelle peut se trouver un pays lorsqu'il est privé de tout soutien diplomatique. Je lui explique que cela fait des mois que nous tentons d'ouvrir un dialogue avec la Commission européenne. François Roux est un homme expressif et la consternation se lit sur son visage. En principe, la Wallonie n'a aucun droit de discuter directement avec la Commission européenne, puisque les règles prévoient que c'est l'État fédéral belge, et lui seul, qui négocie avec les institutions européennes. Je peux donc comprendre sa surprise. Je lui rappelle néanmoins que, depuis le début du mois de juillet, nous n'avons cessé de faire connaître notre position et que celle-ci ne semble pas avoir été fermement relayée auprès des institutions européennes. Nous évoquons rapidement, dans le couloir, quelques pistes possibles, pour mieux nous rendre compte que nous sommes en réalité dans une voie sans issue.

Au cours des jours et des semaines qui suivront, je consacrerai l'essentiel de mon temps au dossier Caterpillar, multipliant les réunions avec les organisations syndicales, le Gouvernement fédéral et la direction américaine de la multinationale, et le dossier CETA passera un peu au second plan. Je n'aurai de cesse, pourtant, d'avertir nos partenaires canadiens des difficultés qui s'annoncent. Le 19 septembre, à Namur, comme il est de tradition dans le cadre des Fêtes de Wallonie, je reçois les diplomates en poste en Belgique et profite de l'occasion pour expliquer à l'ambassadeur du Canada, qui vient d'être nommé, que nous sommes dans une réelle impasse.

Manifestement, le message est clairement perçu, puisque, quelques jours plus tard, on m'annonce la venue à Bruxelles d'une importante délégation canadienne. Elle est présidée par Pierre Pettigrew, un homme politique libéral québécois qui fut ministre pendant deux décennies, notamment du

Commerce international dont il est un fervent défenseur, et qui se présente comme le mentor du nouveau Premier ministre, Justin Trudeau. Affable et diplomate, Pierre Pettigrew exprime son scepticisme et son inquiétude de voir la Wallonie, une région francophone si intimement liée au Québec, s'opposer à un traité dont il est convaincu qu'il contribuera à renforcer les liens d'amitié entre les deux peuples. Je lui explique, comme je l'ai fait avec la commissaire Cecilia Malmström et avec beaucoup d'autres, les longs débats menés dans la société civile et au Parlement de Wallonie, les valeurs et les principes que nous défendons, et nos vaines tentatives de nous faire entendre par le Gouvernement fédéral belge et la Commission européenne. Mon interlocuteur, qui a aussi rencontré le président du PS, Elio Di Rupo, quelques heures plus tôt, développe son argumentation sur un ton de moins en moins cordial. Je dois comprendre, me dit-il, que Justin Trudeau est un Premier ministre de grand talent, qu'il est en train de devenir un leader global et qu'il sera en place pour une dizaine d'années. L'échec d'un tel traité serait pour lui un premier revers et « un véritable coup de poing dans la figure », et tout cela aura inévitablement des répercussions lourdes sur les relations entre la Wallonie et le Canada. Le propos est direct, presque brutal, tout juste atténué pour la douce musicalité de l'accent québécois. Je lui réponds que je suis conscient de tout cela, mais qu'il doit comprendre que nous avons besoin de temps pour convaincre la Commission de rouvrir la discussion. Je conclus en lui disant, avec une franchise égale à la sienne, que nous n'éviterons pas, me semble-t-il, un moment de confrontation publique, qui paraît devenir indispensable pour que la Commission finisse par accepter d'entrer en discussion avec nous. Le silence qui règne dans la pièce est lourd, mes interlocuteurs semblent effarés par ce qu'ils viennent d'entendre. Nous nous saluons poliment, je les raccompagne, et les vois s'entretenir longuement sur le trottoir avant de se décider à partir vers leur prochain lieu de réunion.

À aucun moment, je n'ai voulu être agressif avec nos partenaires canadiens, mais je ne voulais pas non plus qu'ils pensent que les choses allaient s'arranger naturellement. Depuis la mi-septembre, je commençais à penser que nous n'échapperions pas à une confrontation avec les institutions européennes et le Gouvernement fédéral belge. Le Sommet entre l'Europe et le Canada était prévu pour le 27 octobre. Il devait être précédé d'un moment solennel d'approbation du traité par les chefs d'État et de gouvernement lors du Sommet européen des 20 et 21 octobre à Bruxelles. Avant cela, il devait encore passer la rampe du Conseil européen du Commerce programmé pour le 18 octobre, lequel devait lui-même faire l'objet d'une réunion préparatoire au sein du Comité des représentants permanents aux alentours du 12 octobre. Bref, pour que tout se passe comme les officiels canadiens et européens l'espéraient, il restait à peine deux semaines pour mener une réelle négociation, et la Commission refusait toujours de débattre avec nous.

Sans doute, dans les bureaux du Berlaymont, pariait-on justement là-dessus. Jour après jour, la pression sur la petite Wallonie, de plus en plus isolée, se ferait plus intense et elle finirait bien par céder. Cette région centrale du continent européen, membre d'un pays fondateur de l'Union européenne, et qui a tant bénéficié des financements européens pour sa propre reconversion, oserait-elle prendre le risque de provoquer une crise institutionnelle au sein de l'Union ? Peu de hauts fonctionnaires et de diplomates européens devaient alors en être convaincus.

Les jours passent, et rien ne se passe. Jusqu'aux tout premiers jours du mois d'octobre. Le cabinet du ministre des Affaires étrangères Didier Reynders nous informe alors que mes collaborateurs sont invités à participer à une « réunion technique » avec des représentants de son équipe et de celle de la commissaire Cecilia Malmström, le mardi 4 octobre dans l'après-midi. Il se sera donc écoulé un an et deux jours, très exactement, entre ma rencontre avec la commissaire Malmström et la première réunion abordant enfin le fond du dossier. Un an perdu, alors qu'il ne reste plus que deux semaines avant la tenue du Sommet européen et trois semaines avant celle du Sommet euro-canadien. Mon collègue Rudy Demotte et moi-même choisissons d'envoyer à cette réunion nos plus fines lames. Mon chef de cabinet, Renaud Lorand, mon chef de cabinet adjoint, Laurence Christians, et le chef de cabinet de Rudy Demotte, Hervé Parmentier. Tous les trois sont bardés de diplômes, trilingues ou quadrilingues, ont une longue expérience des cabinets ministériels et des négociations internationales, et connaissent parfaitement le fonctionnement des institutions européennes qu'ils fréquentent régulièrement. Ils ont suivi le dossier du CETA depuis près de deux ans et en maîtrisent les moindres détails. À partir de ce jour-là, et jusqu'aux toutes dernières heures de la négociation, ils nous accompagneront, jour et nuit, dans toutes les réunions, où leur compétence et leur professionnalisme seront reconnus par tous.

Lors de cette première entrevue, les représentants de l'exécutif européen expliquent aux nôtres qu'en concertation avec le Canada, ils travaillent à la rédaction d'une déclaration interprétative dont l'ambition est de clarifier les points du traité qui suscitent un débat, en Wallonie mais pas seulement. Ils ne semblent pas, à ce stade, ouverts à discuter de ces documents avec nous, mais seulement à nous informer de leur démarche.

De retour de Bruxelles, mes collaborateurs m'expliquent dans le détail ces échanges qui ont duré plus de trois heures, et j'en rends moi-même compte le lendemain, devant le Parlement de Wallonie. J'explique aux élus que plus d'un an après les premiers contacts avec Cecilia Malmström, la Commission envisage enfin de répondre à nos objections. Je précise qu'il y a, selon moi, trois conditions pour qu'une telle discussion aboutisse : nous voulons des réponses sur le fond aux objections qui ont été formulées dans la résolution du Parlement de Wallonie, nous voulons la garantie que ces réponses soient formulées en des termes juridiquement contraignants et nous voulons disposer de suffisamment de temps pour examiner ces documents complexes dans le cadre de notre débat parlementaire. Je ne cache pas mon scepticisme face à cette initiative de la Commission européenne qui semble être « *too little too late* », mais confirme que nous examinerons avec rigueur tous les documents qui nous seront transmis, comme nous l'avons toujours fait, parce que c'est le sérieux de notre démarche qui la rend crédible et nous donne les moyens de peser réellement sur la suite des débats.

Ne pas sous-estimer l'adversaire

Dans les jours qui suivent, les événements vont se précipiter et les tensions s'intensifier. Lorsque Rudy Demotte et moi expliquons la situation au sein des instances du PS, nos amis comprennent instantanément que nous allons entrer dans une grande tornade politique. Personne, à aucun moment, n'imagine que nous puissions octroyer les pleins pouvoirs au Gouvernement fédéral pour signer le traité, sans que nous ayons eu, au préalable, une négociation sérieuse et obtenu des concessions essentielles. Nous mesurons aussi que la confrontation qui se prépare avec le Gouvernement fédéral et les institutions européennes sera périlleuse. On peut formuler de nombreuses critiques à l'égard de la diplomatie belge et de la haute fonction publique européenne, mais il y a une chose que l'on ne pourra jamais leur enlever, c'est leurs très grandes compétences techniques et leur immense habileté politique. Ceux qui seront en face de nous, autant interlocuteurs qu'adversaires, ne doivent pas être sous-estimés. Parce qu'elle est une organisation internationale très complexe depuis ses origines, et qu'elle n'a cessé d'étendre le champ de ses compétences et le nombre de ses États membres, l'Union européenne a l'habitude de gérer les conflits internes. Ses plus habiles négociateurs connaissent tous les trucs et ficelles de la diplomatie traditionnelle, et ont développé leurs propres méthodes, pour ramener dans le rang les « brebis égarées ».

Pour faire face à un tel rouleau compresseur, il faut donc que nous alignions autant de compétences et de conviction. Sur le plan des convictions, nous sommes parés. Voilà deux ans que nous sommes immergés dans ces débats sur les traités commerciaux internationaux en général et sur le CETA en particulier, nous avons retourné le traité dans tous les sens, nous l'avons lu, analysé et examiné en compagnie des meilleurs experts, et nous avons pointé avec précision les éléments contraires à nos valeurs. Sur le plan de la compétence, ces travaux nous ont bien préparés, mais nous sommes conscients de la force de négociation de nos interlocuteurs. Comme, dans ces discussions, le diable se cache bien souvent dans les détails, nous devons pouvoir nous appuyer sur les meilleurs juristes. Je n'ai pas oublié le conseil que m'avait prodigué Elio Di Rupo quand je me battais contre les producteurs nucléaires pour leur arracher une contribution annuelle de plusieurs centaines de millions d'euros : « Ne sous-estime pas l'adversaire, fais comme lui, prends les meilleurs avocats ! »

Avant même d'entrer en négociation avec la Commission européenne, nous faisons rédiger par des professeurs d'université et des cabinets d'avocats disposant de la plus haute expertise dans ces matières complexes des notes d'analyse sur tous les points qui pourront nous être utiles dans la négociation, et profitant des quelques rares heures libres le week-end, nous passons en revue les textes dans les moindres détails. Parmi eux, Nicolas Angelet jouera un rôle essentiel. Professeur de droit international à l'Université libre de Bruxelles, il est reconnu par ses pairs comme une intelligence hors du commun. Francophone de Flandre, il est diplômé en droit de l'Université de Gand – sa ville – et en droit international européen de l'ULB, où il enseigne. Il est, en outre, docteur en droit de la Katholieke Universiteit Leuven, dont la prestigieuse faculté de droit fournit aux institutions européennes quelques-uns de ses plus brillants esprits. Il est aussi avocat au sein d'un très grand bureau international, où il représente aussi bien des organisations internationales, le Gouvernement belge et des États des quatre coins du monde, que des entreprises. Il allie donc toute la science du professeur et tout l'art du praticien. Parfait trilingue, il peut dicter à la volée un amendement dans un langage juridique impeccable, autant en français qu'en anglais ou en néerlandais. Tout au long des négociations, Nicolas Angelet jouera un rôle discret mais essentiel. Sans jamais participer à aucune réunion officielle, il acceptera de lire et relire tous les documents que nous lui transmettrons en temps réel, à toutes les heures du jour et de la nuit, le samedi et le dimanche compris, et attirera notre attention sur plus d'un point de détail essentiel. À notre demande, il rédigera aussi une grande partie des textes que nous déposerons sur la table des négociations.

Jusqu'au dernier jour de ces discussions, nous nous réjouirons d'avoir fait appel à l'expertise d'hommes et de femmes qui n'appartiennent pas à nos partis politiques, qui n'ont aucun lien direct avec la Wallonie, mais qui se sont engagés à nos côtés, et ont mis le meilleur de leurs connaissances et de leur carnet d'adresses à notre service, parce qu'ils étaient convaincus que les objections que nous formulions à l'égard du CETA étaient justes. Chaque fois que nous avons exprimé auprès de la Commission européenne des objections politiques, fondées sur nos valeurs, nous avons été considérés avec un certain dédain – comme l'ont été les trois millions de citoyens qui ont signé la pétition « Stop TTIP & CETA ». Mais quand nous avons pu formuler en termes rigoureux des objections, fondées sur une analyse fouillée des textes et de la jurisprudence, nous avons pu faire vaciller leurs certitudes. Ainsi va la Commission européenne, par nature, et depuis les origines. Parce que sa mission consiste à concilier des points de vue souvent diamétralement opposés, elle a pris l'habitude d'ignorer tout ce qui s'apparente de près ou de loin à une opinion politique. En revanche, elle est toujours restée sensible aux arguments de ce que dans le jargon on appelle l'« *epistemic community* », la « communauté des scientifiques », qui décrypte ses décisions, et dont elle sait reconnaître la qualité des arguments.

CHAPITRE 3
Seuls au monde

À l'automne 2016, le CETA fait encore débat dans plusieurs États membres de l'Union européenne, nous ne sommes pas encore totalement isolés. Les Roumains et les Bulgares négocient pour obtenir plus aisément pour leurs ressortissants des visas à destination du Canada. En Allemagne et en Autriche, les sociaux-démocrates au pouvoir continuent d'avoir quelques difficultés à convaincre les puissantes organisations syndicales des vertus de ce traité. En France, si le président de la République, François Hollande, et le Premier ministre, Manuel Valls, sont fermement convaincus des vertus du CETA, ils savent aussi qu'au sein de leur propre famille politique les frondeurs sont tentés de nourrir la contestation au traité.

Elio Di Rupo et moi discutons de ce dossier très régulièrement et faisons la liste de ceux qui pourraient potentiellement nous aider. Il appelle ceux qui nous paraissent les plus proches de nous et avec qui il a entretenu des relations étroites quand il était Premier ministre : le Premier ministre portugais, le ministre des Affaires étrangères luxembourgeois, le président de la République française et quelques autres, sans succès. Partout, nos collègues sociaux-démocrates nous expliquent qu'ils trouvent que ce traité est meilleur que beaucoup d'autres, ce qui est juste, et qu'il faut donc s'en accommoder, ce sur quoi nous divergeons clairement. Malgré nos efforts, nous devons constater que même au sein de la famille socialiste, il est difficile de trouver des soutiens parmi ceux qui sont au pouvoir. Ce sera d'ailleurs un des arguments favoris de la commissaire Malmström : « Mais enfin, non seulement vingt-sept États membres soutiennent le CETA, mais tous vos amis sociaux-démocrates font la même chose ! Même Alexis Tsipras, le leader de la gauche radicale grecque, et le Premier ministre portugais, allié aux communistes, acceptent de signer le CETA ! Vous n'êtes quand même pas plus à gauche que monsieur Tsipras ? » Au sein des institutions européennes, on feint d'ignorer que si le PS est bien le premier groupe politique au sein du Parlement de Wallonie, nos positions sont partagées par une large majorité politique, qui associe aussi les centristes et les écologistes, et par une plate-forme de la société civile qui compte à peu près tout ce que la Belgique francophone rassemble d'organisations collectives.

Je trouve tout de même, en ce début octobre, un interlocuteur avec qui j'entretiendrai des contacts politiques jusqu'au début des affrontements avec la Commission européenne, le chancelier autrichien Christian Kern. Socialiste lui aussi, sa principale préoccupation porte sur les tribunaux d'arbitrage privés et le risque qu'ils font courir aux États d'être condamnés à payer des indemnités à des multinationales s'ils intensifient leurs législations en matière sociale, environnementale ou de santé publique. Pendant une semaine, nous nous parlons régulièrement au téléphone. Il évoque en toute franchise les contacts directs qu'il entretient avec la

Commission européenne pour que celle-ci inclue dans la déclaration interprétative qu'elle est en train de rédiger des éléments qui répondent aux inquiétudes qu'il a exprimées. Le fait de savoir que nous ne sommes pas entièrement seuls est à la fois rassurant et réconfortant. De son côté, Elio Di Rupo obtient du président français François Hollande, qu'il connaît de longue date, une entrevue que j'avais sollicitée pour discuter du dossier Caterpillar, puisque la France est, elle aussi, concernée par les restructurations décidées par la multinationale américaine. La date du 14 octobre est retenue et je fais savoir au Palais royal que je devrai écourter ma présence auprès du couple royal lors de la visite d'État au Japon pour pouvoir participer à diverses réunions relatives à Caterpillar et au CETA en fin de semaine.

Tout au long de la mission au Japon, les contacts se poursuivent. Entre deux visites d'entreprise et deux dîners officiels en présence du couple impérial japonais et du couple royal belge, les téléphones chauffent sans trop tenir compte du décalage horaire. Pour la Commission européenne, convaincue qu'il faut à tout prix maintenir le Sommet européen du 20 octobre et le Sommet euro-canadien du 27 octobre, le compte à rebours a commencé. Étant en mission à 10 000 kilomètres de Bruxelles, je ne peux pas entamer les négociations avant le 14, ce qui nous laisse à peine une semaine. En politique, rien n'est jamais impossible, et il se pourrait que la Commission, si attachée à ce traité, nous fasse, en dernière minute, des concessions essentielles pour que les deux Sommets puissent se tenir sans encombre, mais c'est tout de même peu probable.

« Les États pourront réguler, mais ils devront payer »

Pendant ce temps, le Parlement de Wallonie ne désarme pas. Le 13 octobre, il tient à nouveau des auditions qui dureront près de dix heures. Des parlementaires qui, jusqu'alors, n'avaient suivi le débat qu'à distance, se joignent à la poignée de pionniers qui, depuis deux ans, n'ont cessé de retourner le TTIP et le CETA dans tous les sens. Le président du Parlement, André Antoine, a suggéré de recevoir monsieur Lametty (le secrétaire parlementaire de la ministre canadienne du Commerce international Chrystia Freeland), le professeur Keuler, (économiste qui a publié de nombreux rapports d'évaluation sur les effets économiques du CETA), un représentant de l'Union wallonne des entreprises, Michel Cermak (le représentant de la Coordination nationale de la coopération au développement (CNCD) qui vient au Parlement de Wallonie pour la troisième fois), des représentants des fédérations agricoles et des avocats spécialisés en droit commercial et international. Nous sommes à moins d'une semaine du Sommet européen, et le Parlement de Wallonie, imperturbable, poursuit son travail d'analyse.

Sans le vouloir, le secrétaire parlementaire de la ministre canadienne Chrystia Freeland va, à travers ses propos, attirer l'attention des parlementaires sur le point le plus fondamentalement problématique du CETA et aviver les résistances. Dans son introduction, il tient un langage très direct et très politique. Le CETA est « un accord progressiste et moderne [...] avec un gouvernement progressiste. Moi je suis un politicien de centre gauche. On a un Premier ministre, monsieur Trudeau, de centre gauche, avec un gouvernement de centre gauche [...] qui est en train de rétablir une tradition progressiste au Canada que l'on a peut-être oubliée pendant dix ans.» Semblant ignorer qu'il n'a pas, face à lui, que des élus socialistes, il poursuit: «Le Canada est un pays qui partage les mêmes valeurs que vous, sociaux-démocrates: un respect pour l'environnement, un respect pour les travailleurs, un respect pour la classe moyenne, un respect pour non seulement le droit, mais aussi la nécessité, pour un Gouvernement, de réglementer, de légiférer.» Connaissant la sensibilité des parlementaires wallons à l'égard de la problématique des mécanismes d'arbitrage privés, il ajoute: «Nous avons apporté des changements importants au chapitre sur l'investissement. Nous avons intégré, dans notre accord commercial, des dispositions modifiées en profondeur, qui garantissent le droit souverain des gouvernements de réglementer dans l'intérêt public, tout en rendant plus indépendantes et transparentes les procédures d'arbitrage prévues à l'égard des investisseurs.»

La suite de son intervention est d'une tonalité très sentimentale. Il évoque les relations étroites entre le Canada et la Belgique, entre la Wallonie et le Québec en particulier, rappelle combien nous sommes unis par des liens d'amitié et conclut: «Il serait très difficile pour nous, les Canadiens, les Québécois, de voir les opportunités, les possibilités du CETA rejetées par la Wallonie.» C'est d'ailleurs une constante dans l'attitude des interlocuteurs canadiens avec lesquels j'ai pu m'entretenir. Chacun d'eux n'a cessé de placer la discussion sur un plan plus affectif que rationnel, en rappelant l'étroitesse des liens qui nous unissent, la langue et les valeurs que nous avons en commun, la proximité de nos modèles de société... Attitude assez rare chez les diplomates mais qui semble être la marque de fabrique de la nouvelle diplomatie progressiste canadienne.

Les parlementaires wallons ne sont pas convaincus par ce plaidoyer. La députée humaniste Marie-Dominique Simonet soulève la question qui va conduire le secrétaire parlementaire canadien à la faute. Rappelant les interrogations qui se sont fait jour lors des auditions précédentes, elle interroge l'invité canadien : est-il vrai qu'un État qui modifie sa législation sociale ou environnementale pourrait, dans certains cas, être amené à payer une indemnité à des multinationales ou, en des termes plus ramassés : « Nous pourrons réguler, nous, les États [...], mais nous devrons payer ? » Loin de contredire son propos, le secrétaire canadien va renforcer le scepticisme des parlementaires lorsqu'il répond : « Il est vrai que l'on doit payer, de temps à autre, quand on se prononce sur des réglementations ou quand on fait des lois. » La franchise du secrétaire parlementaire canadien laisse tous les parlementaires wallons sans voix.

Au cours des jours et des semaines qui suivront, c'est sur cet enjeu essentiel que porteront les discussions les plus difficiles. Les clarifications et corrections que nous demanderons à la Commission européenne seront très nombreuses, elles iront de la protection des droits de l'homme à l'exception agricole, en passant par le principe de précaution et la coopération réglementaire... Mais le cœur de la confrontation tournera autour de cette question de la capacité de réguler des États. Car c'est bien là que réside le problème central de ces traités dits de la nouvelle génération. Confronté à une multinationale qui lui reprocherait de lui avoir fait perdre les profits qu'elle escomptait en modifiant sa législation, un État pourrait être traîné devant un tribunal d'arbitrage privé ou semi-privé et être condamné à l'indemniser. Ce n'est pas un scénario de politique-fiction. Des centaines de traités commerciaux comportent de tels mécanismes d'arbitrage, qui ont été utilisés par des multinationales pour attaquer des États et obtenir d'eux des indemnités qui vont bien au-delà de celles qui sont prévues dans les cas d'expropriation classique. La Conférence des Nations unies sur le commerce et le développement (CNUCED) a évalué que, sur les 700 cas d'arbitrage connus, une large majorité (60 %) se sont conclus en faveur des entreprises et aux dépens des États.

Même si, dans le cadre d'une relation entre l'Union européenne et le Canada, de tels risques sont en pratique limités, accepter une telle contrainte serait un dangereux précédent. Les juristes qui nous accompagnent, dont certains ont conseillé des entreprises dans le cadre de mécanismes d'arbitrage privé, le reconnaissent eux-mêmes. Mis en place à l'origine pour protéger les investissements des pays industrialisés dans les anciennes colonies, ces mécanismes d'arbitrage ont été largement détournés de leur finalité et posent de réels problèmes de sécurité juridique et de protection de l'intérêt public. Nos partenaires canadiens, qui ont eux-mêmes subi les pressions de multinationales américaines dans le cadre de l'accord de libre-échange qu'ils ont formé avec les États-Unis et le Mexique, devraient en être les premiers convaincus.

Il faut dire « non » pour négocier

Le lendemain, à peine sorti de l'avion qui me ramène du Japon, je me rends au Parlement de Wallonie pour un débat en séance plénière sur le CETA. L'assemblée est nourrie, tout comme la tribune de presse, où l'on commence à voir affluer les journalistes étrangers. Ayant peu dormi, je relis rapidement les fiches que m'ont préparées mes collaborateurs et griffonne quelques notes pour préparer mon intervention. Mon intention est moins d'entrer dans les détails techniques que de replacer nos discussions dans leur contexte politique : « Ce dont nous parlons, ici, ce n'est pas seulement d'un traité commercial entre l'Union européenne et le Canada. Ce dont nous parlons ici, c'est de toute la philosophie des échanges commerciaux tels qu'ils se construiront pour les dix, quinze, vingt ou peut-être trente prochaines années. Cela tombe sur le CETA, mais la discussion que nous avons, au-delà de toute l'amitié qui nous lie aux Canadiens, est dans le fond une discussion de principes, une discussion éminemment politique et même, à certains égards, une discussion philosophique. C'est pour cela qu'il y a, dans ce débat, tant de gravité. » Je rappelle ensuite que : « S'il y a un débat, ici, en Wallonie, et s'il y a des réticences, ce n'est pas parce que nous sommes plus bornés que les autres, ce n'est pas parce que nous prendrions plaisir à être le petit village gaulois, ce n'est pas parce que nous rêvons d'autarcie. C'est tout simplement parce que, dans cette Région, il y a deux particularités que l'on rencontre assez peu ailleurs en Europe. La première particularité, c'est que la Wallonie a toujours été une terre de grande vitalité démocratique. Nous avons des organisations syndicales, des mutualités, des associations, dans tous les secteurs, extrêmement actives, dynamiques, vigilantes, mobilisées, qui ont étudié ce texte avec beaucoup de sérieux, qui ont consulté les meilleurs experts, remis des avis et alimenté nos propres travaux. Cette vitalité démocratique de notre propre population, nous ne pouvons pas en faire fi, nous ne pouvons la balayer du revers de la main sous prétexte que nous risquons d'être isolés. Être isolé de sa propre population, être isolé de ses propres citoyens, à une époque, au début du XXIe siècle, où la démocratie est déjà tellement profondément en crise, ce serait au moins aussi grave que d'être diplomatiquement isolé [...]. Deuxièmement, nous sommes [...] l'une des rares régions en Europe qui a constitutionnellement les mêmes privilèges, en termes de droit international, que les Parlements nationaux. Le Gouvernement wallon a le pouvoir de signer et donc aussi de ne pas signer un traité, et votre Parlement a le pouvoir de ratifier et donc aussi celui de ne pas ratifier un traité. »

Je plaide ensuite, non pas, comme certains l'ont cru, pour un rejet pur et simple du CETA, mais pour une révision de ce traité. Face à ceux qui s'opposent au commerce par principe et qui plaident plus ou moins ouvertement pour un retrait de l'Union européenne, nous ne voulons pas d'un repli sur soi mais demandons une autre forme de mondialisation, fondée sur des règles et un véritable ordre international. Le pire serait le maintien du statu quo : « Ce que l'on a aujourd'hui, ce sont des multinationales avec parfois des chiffres d'affaires supérieurs au PIB de certains États, qui pensent qu'elles peuvent fixer la loi, des multinationales qui ont recours à des juridictions privées ou à la menace du désinvestissement, à la menace du retrait, à la menace de rétorsion. C'est cela, le monde réel d'aujourd'hui. C'est cela que nous voulons éviter, cela dont nous voulons sortir, précisément en édictant des règles socioéconomiques et environnementales à l'échelle mondiale qui transposent dans les relations entre les États ce que nous sommes parvenus à construire dans le chef de nos États, décennie après décennie, au cours de longs combats sociaux. »

J'explique ensuite qu'en refusant de signer le CETA tel quel, nous n'adoptons pas un positionnement protectionniste mais cherchons, au contraire, à renforcer l'influence internationale de l'Union européenne : « Nous devons dire "non" pour négocier. Pas pour tout saborder et donner un coup de pied dans la fourmilière, mais pour créer un rapport de force qui nous permette d'obtenir plus de normes sociales, plus de normes environnementales, plus de clauses de respect des services publics et qui nous permettent, demain, de dire : "Voilà le standard européen." » Quand l'Union européenne ouvrira une négociation avec le Japon, avec les États-Unis ou avec n'importe qui d'autre, c'est à partir de ce standard-là que l'on discutera. C'est cela l'enjeu fondamental et c'est pour cela qu'aujourd'hui, ces débats sont aussi forts. » J'évoque ensuite la nécessité de changer radicalement la méthode des négociations de ces traités commerciaux internationaux : « Une telle négociation, on ne peut évidemment la mener selon les méthodes habituelles. On ne peut pas faire du nouveau avec les méthodes anciennes. "Un mode de pensée qui a produit les problèmes d'aujourd'hui ne peut pas produire les solutions de demain", disait en substance Albert Einstein. C'est toute la manière de faire des négociations commerciales qui doit changer. Dans le traité *Vers la paix perpétuelle*, Emmanuel Kant disait : "Toutes les actions relatives au droit d'autrui, dont la maxime n'est pas susceptible de publicité, sont injustes." [...] S'il n'y a rien à cacher dans ces accords commerciaux, si le CETA est bon pour les petites et moyennes entreprises, si le CETA est bon pour les agriculteurs, si le CETA est bon pour les services publics, si le CETA est bon pour la croissance, alors pourquoi faut-il le négocier en secret ? Pourquoi n'a-t-on pas la confiance de le faire devant les citoyens ? Il y a là une contradiction fondamentale dans la méthode. » Je conclus en réaffirmant ce que j'avais déjà exprimé à de nombreuses reprises : « Comme je m'y étais engagé formellement devant vous, je ne donnerai pas les pleins pouvoirs au Gouvernement fédéral et la Belgique ne signera pas le CETA le 18 octobre. Je ne prends pas ceci comme un enterrement, comme un veto sans condition, je prends ceci comme une demande de rouvrir les négociations pour que de légitimes attentes d'une société civile organisée, transparente, exprimées avec force, puissent être entendues par les dirigeants européens et pour que nous puissions ensemble contribuer, non seulement à notre prospérité, mais aussi à reconstruire la confiance politique entre les citoyens et leurs élus. »

J'étais loin de me douter que ce discours serait vu par des millions d'internautes à travers toute l'Europe et au-delà. Loin de me douter que, dans les jours qui suivraient, les journalistes afflueraient des quatre coins du continent européen, du Canada et des États-Unis, vers le Saint-Gilles, le siège du

Parlement de Wallonie à Namur, pour suivre nos débats en direct.

De l'Élysette à l'Élysée

Sitôt les délibérations du Parlement de Wallonie terminées, je saute dans ma voiture et me mets en route vers Paris pour rencontrer, à l'Élysée, le président François Hollande. À l'origine, l'entrevue avait été programmée pour discuter du dossier Caterpillar. La France étant avec la Belgique le seul pays européen qui compte encore sur son sol un site de production de la multinationale américaine, nous voulions accorder nos positions pour faire front uni face à celle-ci, et pour ouvrir un débat sur la nécessité de mener une politique industrielle forte au sein de l'Union européenne et de renforcer les droits des travailleurs dans le cadre des procédures de licenciements collectifs. De tout cela, il sera bien question au cours des quarante-cinq minutes d'audience que m'a accordées François Hollande, mais l'essentiel de l'entretien a tourné autour du CETA.

Contrairement à ce qui a été écrit ici ou là, à aucun moment François Hollande n'a exercé de pression sur la Wallonie pour qu'elle cède face au CETA. Il nous a dit, en toute franchise, que les Français étaient attachés à ce traité parce qu'il était né d'une initiative franco-québécoise, qui s'était peu à peu étendue, pour devenir un projet euro-canadien. L'enjeu était d'autant plus sensible que le Premier ministre Manuel Valls était au même moment au Canada et que le CETA était au cœur de tous les échanges. Il nous a rappelé l'importance des liens entre l'Europe et le Canada, et l'enjeu essentiel pour l'Europe de construire des alliances avec des pays nord-américains pour faire contrepoids à l'hégémonie des États-Unis. Il s'est dit conscient des réticences que suscitait le CETA dans les opinions publiques, notamment en France, puis m'a interrogé sur mes intentions. Je lui ai alors expliqué que nous préparions des propositions d'amendements au CETA afin de l'améliorer, et espérions pouvoir en discuter avec la Commission européenne dans les meilleurs délais. J'ai surtout attiré son attention sur le fait que le calendrier était intenable. Impossible, en moins d'une semaine, de modifier le traité, et de faire examiner sa nouvelle version par les parlementaires. Il a paru comprendre cette contrainte et nous a fait savoir plus tard, par la voie diplomatique, qu'il ne serait pas du côté de ceux qui placeraient la Wallonie sous ultimatum. On ne peut pas dire que le chef de l'État français ait été un soutien direct dans ce dossier, mais il n'a pas non plus été du côté de ceux qui ont tenté à tout prix de nous faire céder. Au contraire, il a multiplié les contacts pour nous aider à trouver l'espace de négociation dont nous avions besoin. Il a joué, en quelque sorte, les intermédiaires entre ses collègues du Conseil européen et nous. Comparé au silence de tous les autres chefs d'État et de gouvernement, en ce compris nos amis socialistes et sociaux-démocrates, on peut donc considérer que François Hollande fut, à tout le moins, un allié tacite.

À la sortie de cette rencontre, après une brève conférence de presse improvisée dans la cour de l'Élysée – d'un protocole millimétré qui me change des allures plus débonnaires de l'Élysette – mes collaborateurs et moi nous rendons directement à l'ambassade du Canada, où nous devons rencontrer à nouveau Pierre Pettigrew. Nous sommes reçus chaleureusement dans un magnifique hôtel particulier. On nous fait asseoir sur des fauteuils Louis XV, avant de nous tenir un discours plus direct encore que lors de la première entrevue. L'incompréhension de nos partenaires canadiens est totale. Ils nous font comprendre que si le Sommet euro-canadien du 27 octobre devait être annulé, ou même reporté, il n'y aurait pas de seconde chance, et que « cela aura des conséquences », expression diplomatique que j'entendrai cent fois au cours de ces quelques jours. La conversation tourne court, nous saluons cordialement nos hôtes, et allons manger un steak tartare frites dans une brasserie du quartier, avant de reprendre la route pour Namur.

La Wallonie, Cuba d'Europe ?

Tout au long du week-end, les pressions s'intensifient. En Belgique, les milieux d'affaires régionaux et nationaux expriment ouvertement leur mécontentement à l'égard de l'attitude de la Wallonie qui, selon eux, menace leurs intérêts commerciaux. Le ministre-président flamand, Geert Bourgeois, dénonce dans la presse cette inacceptable atteinte à la réputation de la Belgique et les risques d'isolement que la Wallonie fait courir au pays – à toute chose malheur est bon, l'attitude des Wallons amène donc les nationalistes flamands à défendre l'image de marque de la Belgique ! L'ancien commissaire européen au Commerce, le libéral flamand Karel De Gucht, qualifie l'attitude de la Wallonie de « complètement, complètement, complètement ridicule ». Les libéraux francophones du Mouvement réformateur (MR) considèrent dans la presse que la Wallonie est le « nouveau Cuba » et, sur une tonalité très proche, les nationalistes flamands taxent la Wallonie de « dernière république soviétique d'Europe ». Quand, quelques semaines plus tard, le commissaire européen Günther Oettinger dira de la Wallonie qu'elle est une « micro-région dirigée par des communistes », il ne fera finalement que relayer l'opinion majoritaire de la droite belge.

Les pressions ne viennent pas seulement de droite, elles s'exercent aussi au sein de la social-démocratie européenne et s'adressent, cette fois, directement au président du PS, Elio Di Rupo. Tout au long du week-end, les chefs d'État et de gouvernement sociaux-démocrates européens lui font savoir combien ils désapprouvent l'attitude de la Wallonie et lui demandent de remettre au pas ce ministre-président récalcitrant qui refuse d'entonner avec eux un vibrant hommage au CETA. Nous aurons souvent l'occasion, Elio Di Rupo et moi, d'en plaisanter, mais c'est en même temps un constat qui suscite chez nous une profonde tristesse. Que nos alliés socialistes ne nous soutiennent pas, c'est une chose, mais qu'ils se liguent pour nous faire céder est un signe de plus que la social-démocratie européenne est profondément désunie. Nos collègues socialistes iront même jusqu'à écrire une lettre ouverte à Elio Di Rupo, l'invitant à se réjouir avec eux des vertus du CETA. Quelques jours plus tard, je parviendrai à convaincre Martin Schultz de renoncer à publier cette lettre, qui, après l'abandon d'Alexis Tsipras par la social-démocratie au moment où il avait tant besoin de soutien, pourrait être une deuxième démonstration que la gauche européenne n'existe plus.

La presse internationale, elle aussi, commence à s'emparer du sujet. Les journaux britanniques, toujours prompts à dénoncer l'inefficacité européenne, voient dans ce nouvel incident le signe de la faiblesse de l'Union, tandis que d'autres s'inquiètent des conséquences que l'attitude de la Wallonie pourrait avoir sur la négociation du Brexit. En France, les médias se polarisent : le *Figaro* dénonce la dictature de la minorité qu'incarne la Wallonie (une semaine plus tard, l'une de ses plus célèbres éditorialistes, Natacha Polony, écrira toutefois un vibrant « Magnette président ! » qui a dû faire ciller plus d'un lecteur du vénérable quotidien conservateur), tandis que *Libération* commence à voir dans la Wallonie un exemple pour la gauche européenne et que *Le Monde* se divise. En Italie, *Il Sole 24 Ore*, journal financé par le patronat, dénonce l'attitude de la Wallonie qu'il qualifie à son tour de Cuba d'Europe, tandis que de nombreux journaux et sites internet de gauche expriment au contraire leur soutien. Ce n'est encore que le début d'un embrasement médiatique qui, en l'espace de quelques jours, va s'étendre, au-delà de l'Europe, jusqu'en Afrique du Nord, aux États-Unis et au Canada, et en Asie.

Tentant d'ignorer, ou en tout cas de relativiser ces pressions, nous passons tout le week-end à préparer notre stratégie de négociation, en recourant à la méthode à laquelle nous sommes le plus habitués, celle des « grands tableaux ». Sur de grandes feuilles de papier A3, nous traçons quatre colonnes. Dans la première, nous résumons, ligne après ligne, les demandes formulées dans sa résolution par le Parlement de Wallonie. Dans la deuxième, les éléments de la déclaration interprétative préparée par la Commission qui y apportent totalement ou partiellement une réponse. Dans la troisième, les éléments des autres documents soumis par les institutions européennes qui rencontrent nos attentes. Et dans la quatrième, les propositions d'amendements que nous formulons lorsque nous estimons que les avancées obtenues sont insuffisantes. C'est la bonne vieille méthode que nous utilisons lors de la négociation pour la formation des gouvernements. C'est un peu scolaire mais c'est efficace. Cela nous permet de vérifier, à tout moment, jusqu'à quel point nous avons rempli notre mandat et de rendre compte avec précision à ceux au nom de qui nous négocions. Cela a aussi le mérite de montrer à nos partenaires fédéraux et européens que nous ne nous contentons pas de rejeter les textes mais tenons compte de leurs propositions, que nous cherchons à améliorer.

Les dix jours suivants, nous entrerons dans un cycle de négociation ininterrompu. L'essentiel du temps, nous discutons avec la Commission européenne et le Gouvernement fédéral. Entre deux séances de négociation, je rends compte de l'état d'avancement des négociations, tantôt devant mes collègues du Gouvernement wallon, tantôt au sein des instances internes du PS ou lors de réunions de majorité entre le PS et le cdH, tantôt devant le Parlement de Wallonie, auquel j'avais promis d'exposer les résultats de ces négociations étape par étape et en temps réel. Entre deux rencontres, j'intercale une interview afin de tenter de gagner le soutien, essentiel, de l'opinion publique dans cette difficile bataille.

CHAPITRE 4

Les larmes de Chrystia

Lorsque des citoyens m'interpellent pour me parler du CETA, l'image qu'ils évoquent le plus souvent est celle de la ministre canadienne du Commerce international, Chrystia Freeland, sortant en larmes de l'Élysette après de longues heures de négociation. Ce genre d'image n'est pas courant. Les femmes et les hommes politiques ont l'habitude de prendre et de donner des coups, ils se construisent, avec le temps, une carapace psychologique qui leur permet de contrôler (ou à tout le moins de dissimuler) leurs émotions. Voir une ministre en larmes, en boucle sur les chaînes de télévision, disant son regret de n'avoir pu obtenir un accord et sa joie de rentrer chez elle retrouver ses enfants, est pour le moins surprenant.

Ma première rencontre avec Chrystia Freeland avait eu lieu deux jours plus tôt, à sa demande. J'étais à vrai dire surpris par son initiative. D'ordinaire, les gouvernements étrangers ne négocient pas en ligne directe avec les entités fédérées. En toute logique, c'est le ministre fédéral des Affaires étrangères, Didier Reynders, qu'elle aurait dû rencontrer. Mais je ne voulais pas être discourtois et, par ailleurs, curieux d'entendre ce qu'elle avait à me dire, j'avais bien volontiers accepté cette rencontre. D'autant que Chrystia Freeland est un personnage intrigant. Devenue ministre depuis une petite année seulement, elle est d'abord journaliste et écrivain. Son père est un *gentleman farmer* issu d'une grande famille d'hommes politiques libéraux canadiens, et sa mère, d'origine ukrainienne, est née dans un camp de réfugiés à la fin de la Seconde Guerre mondiale. Elle parle non seulement l'anglais et l'ukrainien, mais aussi le russe, le polonais, l'italien et s'exprime dans un bon français. Diplômée des universités d'Harvard et d'Oxford, elle a d'abord mené une brillante carrière dans les plus grands journaux anglo-saxons dont le *Financial Times*, le *Washington Post, The Economist* et le *Globe and Mail*, dans les colonnes desquels elle n'a cessé de tenir des opinions tranchées qui lui valurent notamment, en 2014, d'être interdite de voyage en Russie par le président Poutine. Elle est l'auteure de plusieurs livres, dont le best-seller *Plutocrats : The Rise of the New Global Super-Rich and the Fall of Everyone Else* couronné par de nombreux prix. Dans cet ouvrage, elle dénonce l'émergence d'une nouvelle classe globale de super-riches qui impose sa loi au détriment du plus grand nombre. C'est donc avec autant d'impatience que de curiosité que j'attendais cette rencontre avec une intellectuelle aux positions aussi solides que tranchées.

Lors des quelques heures que nous avons passées ensemble au cours de ces trois journées un peu surréalistes, je devais aller de surprise en surprise. Arrivée dans une grosse fourgonnette sombre aux vitres teintées, accompagnée d'une solide équipe, elle me salue chaleureusement et suggère qu'avant d'entamer les discussions techniques sur les textes, nous nous entretenions quelques instants en tête à tête. Je ne vais pas livrer ici le détail de nos conversations, parce qu'elles se sont tenues à huis clos et que je veux respecter les règles de confidentialité. Je reviendrai seulement sur les passages de cet entretien qu'elle a elle-même reformulés quelques jours plus tard devant une assemblée plus large. Après m'avoir fait comprendre qu'elle s'était renseignée sur moi, qu'elle connaissait donc mes centres d'intérêt et mon profil politique, elle me dit sans détour dans son anglais strict : « Paul, quel est votre but ? Voulez-vous devenir le leader de l'extrême gauche européenne ? », et laisse ensuite planer quelques instants de silence. Je lui réponds que, puisqu'elle s'est renseignée sur moi, elle doit savoir que je suis un Européen convaincu, que je n'ai cessé de dire dans toutes mes interventions que j'étais favorable par principe à un accord entre l'Europe et le Canada, et que si mes prises de position récentes ont pu m'attirer le soutien de certaines franges de la gauche radicale en Europe, c'est bien malgré moi. Rassurée, elle prend ensuite un long moment pour m'expliquer toutes les démarches qu'elle a entreprises au cours des dix derniers mois, c'est-à-dire depuis qu'elle était devenue ministre, pour faire avancer la cause du CETA. « Vous devez comprendre, me dit-elle, que ceci est la fin du monde pour nous. Nous avons accepté de rouvrir la négociation alors qu'elle était censée être close. J'ai organisé de nombreux voyages en France, en Allemagne, en Autriche... partout j'ai discuté avec des leaders politiques sociaux-démocrates, car je suis moi aussi sociale-démocrate. Nous sommes un pays membre du G7, qui a de grandes ambitions, nous avons un nouveau leader qui est très jeune et qui est destiné à rester en place pour encore de nombreuses années. Pour nous, la date du 27 octobre, c'est-à-dire la date du Sommet européen, est une *deadline* absolue. Si le Sommet entre l'Europe et le Canada ne se tient pas à cette date-là, il ne se tiendra pas du tout et ce sera la fin d'une page de l'histoire commune entre l'Europe et le Canada.» Voilà qui a le mérite d'être clair. Un politique aguerri ou un diplomate aurait sans doute pris quelques précautions oratoires, mais la journaliste qu'elle est d'abord et avant tout s'exprime sans détour.

Elle poursuit en m'exposant les pistes politiques qu'elle a préparées: «Je comprends que vous ayez besoin d'un trophée de chasse pour retourner devant votre Parlement. Je vais donc vous faire une proposition. Il y a demain matin un vol de Bruxelles pour Ottawa. Je peux vous organiser une entrevue publique avec le Premier ministre Justin Trudeau. D'ici là nous négocions un *Canada-Wallonia Statement of Principles* qui énonce les principaux points d'accord entre nous, afin de clarifier et d'améliorer le CETA. Vous rencontrez le Premier ministre Trudeau, vous sortez triomphant de la réunion, nous vous organisons une conférence de presse internationale au cours de laquelle vous expliquez tout ce que vous avez obtenu, vous reprenez l'avion, convoquez un congrès de votre parti, allez vous expliquer devant votre Parlement, et vous devenez un des nouveaux héros de la social-démocratie européenne.» Je suis stupéfait. Je m'étais attendu à tout, sauf à une telle proposition. Après un court instant de réflexion, je lui réponds que je la remercie très chaleureusement pour cette offre généreuse, mais que je crains que cela ne nous conduise pas vers une solution. Si j'acceptais de jouer dans un tel scénario, lui expliquai-je, dès ma sortie de l'avion, j'apparaîtrais comme un traître ou un opportuniste qui a abandonné un combat politique mené depuis près de deux ans au profit d'un quart d'heure de gloire médiatique internationale. Ce serait donc totalement contre-productif. Sans compter que, sur le fond, je doute que les quelques heures qui nous séparent du vol de demain matin nous suffisent à trouver un accord qui rencontre l'essentiel des demandes formulées par notre Parlement. La déception se lit sur son visage. Elle réitérera pourtant cette proposition, deux jours plus tard, avant de prendre congé.

Dialogue de sourds, bis

Une bonne heure plus tard, changement de décor, je rencontre dans ses bureaux la commissaire européenne au Commerce, en compagnie du ministre belge des Affaires étrangères, Didier Reynders, et de nos collaborateurs respectifs. Didier Reynders ouvre la discussion, en rappelant que le CETA fait l'objet d'un accord du Gouvernement fédéral et du Gouvernement flamand mais pas de la Wallonie, de la Fédération Wallonie-Bruxelles, des Bruxellois francophones et de la Communauté germanophone à ce stade. Il rappelle qu'il a soutenu l'initiative d'une déclaration interprétative et que, lors du Conseil des ministres du Commerce qui s'est tenu la veille à Luxembourg (où les vingt-huit ministres du Commerce de l'Union européenne furent accueillis par quelques dizaines de militants anti-CETA brandissant une banderole qui me représentait vêtu en super-héros de la lutte anti-CETA), ils ont évoqué les réticences qui subsistent dans le chef d'un certain nombre d'autres États membres. Il se dit ouvert à un échange de vues sur les propositions de la Wallonie et conscient du fait que tout calendrier contraignant, voire pire, tout ultimatum, est susceptible d'envenimer les discussions. Il rappelle néanmoins que le Conseil européen entamera ses travaux dans quelques heures et que les chefs d'État et de gouvernement sont censés se pencher sur la question du CETA dans la matinée du vendredi. Même si ceci ne constitue pas une échéance formelle, conclut-il, c'est néanmoins un moment politique important.

Après que j'ai à mon tour réexpliqué, une fois de plus, les positions défendues par le Parlement de Wallonie, la commissaire Cecilia Malmström prend la parole. Son sourire est toujours aussi net mais plus amer : « Mais enfin, me dit-elle, tout le monde est convaincu en Europe ! Il y a même dix pays dirigés par des sociaux-démocrates qui soutiennent le CETA. On ne peut quand même pas rouvrir la négociation alors que débute demain la réunion du Conseil européen ! » Ce sera à peu de choses près sa seule intervention.

Nous sommes sur le point de constater un blocage complet lorsque le négociateur en chef de la Commission européenne, Mauro Petriccione, prend la parole et dit avec toute la sobriété et l'intelligence tactique d'un haut fonctionnaire européen : « Madame la Commissaire, je crois que nous devons faire une proposition aux Wallons. » Sans cette intervention, nous n'aurions sans doute pas eu d'autres choix que de constater un échec complet des discussions. Dans les jours qui suivent, Mauro Petriccione jouera d'ailleurs un rôle crucial de médiateur pour sortir de l'impasse. Haut fonctionnaire européen, il est originaire du sud de l'Italie, des Pouilles plus précisément, où il a étudié le droit à la prestigieuse université de Bari, avant de faire son service militaire dans la marine italienne et de travailler brièvement comme juriste pour IBM Italie. En trente ans de carrière au sein de la Commission européenne, ce sexagénaire distingué a gravi tous les échelons jusqu'à devenir aujourd'hui directeur général adjoint de la puissante DG Commerce. S'exprimant dans un français impeccable, sans la moindre pointe d'accent italien mais avec une agréable intonation méridionale, il parle aussi anglais, espagnol et allemand, comme beaucoup de ces grands commis de l'Europe que compte encore aujourd'hui la Commission européenne. Négociant le CETA depuis plus de cinq ans, il est très logiquement désireux de voir ce dossier aboutir, et vivant en Belgique depuis trois décennies, il connaît et comprend mieux que sa commissaire les subtilités de la vie politique dans notre pays. Il sent donc que les pressions et les ultimatums n'auront pour effet que de renforcer l'hostilité des Wallons, et tente de jouer un rôle de médiateur, en prenant la liberté d'ignorer la ligne de sa commissaire. Nous pourrions, propose-t-il, retravailler la déclaration interprétative, dont il sait que nous la trouvons trop vague et juridiquement trop faible, afin d'en renforcer la valeur juridique et de la compléter par de nouveaux éléments susceptibles de répondre aux préoccupations légitimes exprimées par le Parlement de Wallonie. Nous convenons de réfléchir chacun de notre côté à la manière de rencontrer ces objectifs et de nous revoir dans les meilleurs délais. La réunion se termine mieux qu'elle n'avait commencé.

Les deux journées suivantes tourneront néanmoins à la cacophonie politique. Le jeudi 20 octobre dans la matinée se tient la réunion hebdomadaire du Gouvernement wallon au cours de laquelle j'expose à mes collègues les nombreuses réunions des derniers jours et les pistes qui sont enfin timidement ouvertes. Le Conseil européen doit commencer dans quelques heures, la pression va donc logiquement s'intensifier. Nous débattons longuement des enjeux. Chacun mesure les risques d'un échec. L'économie wallonne a besoin d'accroître ses exportations. Faire échouer un tel traité aurait des conséquences dommageables pour la réputation internationale de notre Région et pourrait potentiellement détourner de chez nous des investissements étrangers. Nous savons aussi que nous avons besoin de l'Union européenne pour un certain nombre de dossiers, telle que la révision de la directive sur le dumping social, l'assouplissement des règles budgétaires, les mesures antidumping qu'il faut prendre pour protéger la sidérurgie ou une nouvelle programmation des fonds de cohésion pour prolonger la reconversion économique de la Wallonie… Mais nous sommes aussi conscients du fait qu'autour du CETA s'est cristallisé un mouvement politique qui traduit les craintes et les aspirations les plus profondes de la population wallonne. Nous nous sommes engagés à suivre les résolutions du Parlement, et à chaque étape de nos discussions avec nos partenaires belges et européens, je me suis présenté devant le Parlement pour rendre des comptes. Changer brutalement de cap, pour arracher un accord à tout prix, créerait une crise politique majeure dans notre Région. Autant nous gardons à l'esprit les intérêts économiques de la

Wallonie, autant nous sommes aussi soucieux de ne pas aggraver une crise de confiance entre les citoyens et leurs représentants qui aurait, elle aussi, des conséquences dramatiques. Nous devons donc continuer à expliquer au Gouvernement fédéral belge et à la Commission européenne qu'en l'état, nous ne pourrons pas signer le traité et que nous avons besoin de temps pour ouvrir une discussion sérieuse.

Tout au long de la journée, les pressions s'intensifient. Le Premier ministre Charles Michel m'appelle, en pleine commission parlementaire, pour me faire savoir que le président du Conseil européen, Donald Tusk, exige une solution pour vendredi matin au plus tard. Je lui explique que c'est totalement impossible et lui prie de faire comprendre à Donald Tusk que, plus il intensifie ses pressions, plus les tensions s'aggraveront.

Avant que le Conseil européen n'entame ses travaux, les contacts se multiplient. Le président de la Commission européenne, Jean-Claude Juncker, m'appelle pour m'informer qu'il a l'intention de m'écrire une lettre dans laquelle il explique toutes les avancées accomplies afin de rencontrer les demandes de la Wallonie et espère vivement que ceci permettra de débloquer la situation. Je le remercie pour cette initiative tout en lui indiquant que je doute sincèrement qu'une lettre suffise à inverser le cours des choses. Au fil des heures, j'aurai encore de nombreux contacts : avec le président François Hollande qui me demande à plusieurs reprises ce qu'il peut faire pour nous aider ; avec le vice-chancelier allemand, Sigmar Gabriel, qui se fâche dans son excellent anglais, mais offre aussi son aide pour agir auprès des Canadiens ; avec son collègue et ami le président du Parlement européen, Martin Schultz ; avec plusieurs autres commissaires européens et avec le chancelier autrichien, Christian Kern, qui, ayant obtenu les modifications qu'il souhaitait, s'est désormais rallié aux défenseurs du CETA. Je mesure que, cette fois, nous sommes bel et bien dans une situation de « *splendid isolation* ». Charles Michel m'appelle à plusieurs reprises et finit par me proposer dans la soirée une piste, préparée avec ses collègues chefs d'État et de gouvernement : le Conseil européen pourrait adopter une déclaration solennelle précisant que le mécanisme d'arbitrage du CETA n'entrera pas en vigueur après la signature du traité. Je le remercie pour cette proposition, mais lui indique que cela fait des mois déjà que le Conseil des ministres de l'Union européenne a décidé que ce chapitre du traité ne serait pas d'application provisoire, il n'y a donc rien de neuf.

Au cours de la soirée et une bonne partie de la nuit, les coups de téléphone se multiplient, tantôt amicaux, suggérant des concessions qui devraient nous permettre de nous rallier à l'accord général, tantôt plus menaçants. Circule même auprès des journalistes la rumeur selon laquelle je serais convoqué au Sommet européen pour aller me justifier devant les vingt-huit chefs d'État et de gouvernement. Je n'y crois pas une seconde. On n'a jamais vu les chefs d'État et de gouvernement inviter en plein Sommet le représentant d'une région pour traiter en ligne directe avec lui. Mais l'anecdote est révélatrice du point de tension qu'on a alors atteint.

Un pays si gentil

Mesurant l'aggravation de la situation, le Gouvernement wallon décide de se réunir en urgence dans la soirée. J'informe mes collègues de l'ensemble des contacts que j'ai eus au cours des dernières heures et des propositions qui m'ont été faites, et nous en revenons rapidement à la conclusion qui était la nôtre le matin même : nous avons besoin de temps pour ouvrir une véritable négociation. Nous sommes conscients que cette position conduira à un échec total du Sommet européen et à un accroissement des pressions qui pèsent sur nous, mais nous préférons prendre ce risque plutôt que celui d'une volte-face politique qui serait totalement incompréhensible pour les citoyens wallons. Avant de tenir un bref point presse, j'appelle, en présence de Maxime Prévot, la ministre canadienne Chrystia Freeland pour l'informer de l'état de nos contacts. Je ne lui cache pas ma profonde préoccupation : plutôt que de nous aider à chercher une solution, les institutions européennes, et la majorité des chefs d'État et de gouvernement, s'ingénient à accroître les pressions pour nous forcer à céder avant la fin du Sommet européen. Je crains donc que nous allions vers une confrontation directe. Après un long silence, Chrystia Freeland me confie son découragement, son inquiétude et sa tristesse, puis se ravise et me propose que nous nous rencontrions le lendemain matin. Je suis à nouveau très surpris par cette proposition. Que nous ayons eu un contact informel à Namur peut encore se comprendre. Mais qu'une ministre fédérale canadienne vienne au siège d'un gouvernement régional pour négocier en ligne directe, voilà qui est pour le moins inhabituel. Le ministre belge des Affaires étrangères ne manquera d'ailleurs pas, quelques jours plus tard, de me rappeler combien nous avons tordu les règles constitutionnelles belges et européennes au cours de ces deux jours. Mais soucieux de ne pas brûler les ponts avec nos partenaires canadiens, et après en avoir conféré avec mes collègues du Gouvernement wallon, j'accepte sa proposition.

Le lendemain matin, après une très courte nuit, la délégation canadienne arrive à l'Élysette. Sur le perron, l'accueil est chaleureux. Comme les enjeux sont de plus en plus élevés, nous sommes convenus que, du côté wallon, la délégation serait composée des deux vice-présidents du Gouvernement, Jean-Claude Marcourt pour le PS, Maxime Prévot pour le cdH, et de moi-même. Nous nous réunissons dans une grande salle de l'Élysette et j'explique à Chrystia Freeland, comme je l'avais fait la veille au soir au téléphone, que nous avons peu de temps parce que j'ai promis d'aller rapidement rendre compte des dernières réunions devant le Parlement de Wallonie qui est convoqué à 9h30. Nos partenaires canadiens entament la discussion sur le mode très affectif dont nous avons désormais compris qu'il est leur marque distinctive. Ils nous expliquent que le Canada est une grande nation moderne et ouverte, multiculturelle et progressiste, que Justin Trudeau est un nouveau leader global plein de succès; ils insistent sur l'intensité des liens entre la Belgique et le Canada, et plus particulièrement entre la Wallonie et le Québec, sur la langue et l'histoire qui nous unissent; ils nous rappellent que de nombreux citoyens canadiens sont issus de l'émigration wallonne vers l'Amérique du Nord et que dans les cimetières militaires de Wallonie, les tombes des soldats canadiens tombés pour libérer la Belgique sont un poignant témoignage de la solidarité entre nos deux peuples. Un échec du CETA serait donc totalement incompréhensible.

C'est une méthode de négociation surprenante. Face à un interlocuteur qui brandit des arguments aussi émotionnellement chargés, il n'est pas simple de revenir vers les textes ardus du traité. Mais après les avoir remerciés pour leur initiative, mes collègues Jean-Claude Marcourt et Maxime Prévot et moi-même revenons progressivement vers le centre des débats. Nous nous y sentons d'autant plus autorisés que le président de la Commission, Jean-Claude Juncker, a dépêché à cette réunion le négociateur en chef de la Commission, Mauro Petriccione, qui nous indique d'emblée qu'il dispose d'un mandat personnel du président Juncker et qu'il est habilité à formuler et à approuver des amendements en séance. Cette fois, nous sommes donc assis à une véritable table de négociations trilatérales entre l'Europe, le Canada et la Wallonie ! La commissaire Cecilia Malmström est à Oslo pour une importante réunion de l'Organisation mondiale du commerce (OMC) et elle me fait savoir par SMS qu'elle est disposée à prendre le premier avion pour nous rejoindre. Convaincu que son négociateur en chef aura les coudées plus franches s'il peut avancer sans la tutelle de sa commissaire, je lui réponds que nous allons d'abord faire un premier tour de table avec les Canadiens. Namur est en train de devenir, comme le dira Didier Reynders quelques semaines plus tard, avec son sens aigu de l'ironie, la capitale mondiale du commerce international.

Pendant près de trois heures, faisant patienter les parlementaires wallons qui nous attendent de l'autre côté de la Meuse, nous passons en revue nos principales préoccupations. Nous examinons dans le détail comment les différents textes qui sont désormais sur la table, ceux rédigés par la Commission européenne, ceux que nous avons nous-mêmes écrits, et ceux qui avaient été élaborés au préalable par l'Union européenne et le Canada, doivent être réorganisés pour former un tout cohérent et constituer une véritable annexe au traité, disposant de la même valeur juridique que le traité lui-même. Persuadé d'avoir accompli quelques avancées, mais conscient des blocages qui persistent, je prie nos partenaires canadiens de bien vouloir m'excuser, car je dois me rendre au Parlement de Wallonie qui m'attend depuis plus de trois heures.

Lorsque j'arrive au Saint-Gilles, la tension est à son comble. Comme je l'ai fait lors de toutes les séances parlementaires précédentes, je reprends mon grand tableau et expose les points sur lesquels nous avons obtenu des avancées réelles et ceux qui continuent d'être l'objet de la négociation. L'exercice n'est pas simple. La salle de réunion du Parlement wallon est animée par des dizaines de caméras et d'appareils photo qui crépitent au moindre de mes mouvements. Sachant que nos partenaires canadiens, qui sont restés au siège du Gouvernement wallon de l'autre côté de la Meuse, suivent les débats en direct à la télévision, je précise qu'il me semble sage de décider dès maintenant de reporter la date du Sommet entre l'Union européenne et le Canada pour se donner le temps de négocier sans pression excessive. Je suis conscient que cela ne plaira pas à nos amis canadiens, qui nous ont rappelé à maintes reprises qui si le Sommet était annulé, Justin Trudeau ne reviendrait pas en Europe, mais je leur ai plusieurs fois fait savoir que ce calendrier était intenable et ils ne peuvent donc pas être surpris par cette déclaration. Après une heure trente de débats animés je retourne à l'Élysette où nos hôtes canadiens terminent le repas que nous n'avons pas manqué de leur servir. Je les laisse discuter entre eux pendant que, de notre côté, dans une autre salle, nous réfléchissons à la manière de poursuivre les négociations, alors que la pression ne faiblit pas et que les institutions européennes refusent manifestement d'assouplir le calendrier. Régulièrement, nous allons voir si nos invités ne manquent de rien et leur apportons du café et les meilleurs éclairs au chocolat de Namur. Il ne faudrait pas que la tradition wallonne d'hospitalité puisse être prise en défaut.

Pendant quelques heures, la ministre Chrystia Freeland et ses collaborateurs se promènent dans le parc de l'Élysette vissés à leur téléphone. De notre côté, nous multiplions les contacts pour tenter d'établir un autre calendrier de négociation. Soudainement, Chrystia Freeland me prend à part et me dit qu'elle veut me parler. Nous nous réunissons en délégation complète, et après avoir réexpliqué tous les efforts qu'elle estime avoir accomplis, elle conclut à notre plus grande surprise : « Il est temps pour nous de rentrer à la maison. » La délégation se lève comme un seul homme, nous raccompagnons nos hôtes jusque sur le perron, où nous nous saluons, Chrystia Freeland traverse le parc à pied, franchit la grille où l'attendent les caméras de télévision et déclare, en larmes, dans des images qui ont fait le tour du monde : « Nous avons passé la journée ici et nous avons travaillé très fort avec la Wallonie et la Commission européenne pour répondre aux préoccupations qui sont exprimées par les Wallons. Au cours des derniers mois, nous avons travaillé très fort avec la Commission européenne et avec beaucoup de pays membres de l'Union européenne, y compris l'Allemagne, la France, l'Autriche, la Bulgarie, la Roumanie. Le Canada a travaillé vraiment, et moi personnellement j'ai travaillé très fort, mais il semble évident pour moi, pour le Canada, que l'Union européenne n'est pas capable maintenant d'avoir un accord international même avec un pays qui a des valeurs si européennes comme le Canada, et même avec un pays si gentil et avec beaucoup de patience comme le Canada. Le Canada est déçu, moi personnellement je suis très déçue, j'ai travaillé très très fort, mais je pense que c'est impossible. Nous avons décidé de retourner chez nous et je suis très très triste, vraiment, c'est une chose émotionnelle pour moi, et la seule bonne chose que je peux dire c'est que demain matin je serai chez moi avec mes trois enfants. »

Quelques mois plus tard, ce curieux épisode reste plein de mystère. Au Canada, toutes les interprétations ont circulé. Les proches de Chrystia Freeland ont défendu l'hypothèse du coup de bluff : mettant en scène cette déception, elle aurait relancé la balle dans le camp des Européens et disculpé les Canadiens de toute responsabilité dans l'échec des négociations. L'opposition canadienne a accusé, au contraire, la ministre Freeland d'incompétence et d'amateurisme : en versant des « larmes publiques de déception », elle aurait donné le spectacle d'un « effondrement ». Nous ne saurons sans doute jamais le fin mot de l'histoire. Il est probable que Chrystia Freeland se soit entretenue par téléphone avec son Premier ministre, et que celui-ci ait fini par trouver humiliant le spectacle de sa ministre patientant à Namur sous le regard des caméras du monde entier[6]. Dès le départ, la démarche était en effet étonnante. Qu'une ministre fédérale négocie en ligne directe avec les représentants du gouvernement d'une région qui est dix fois plus petite que le Canada, et semble patiner, ne donnait pas une image très flatteuse d'un pays qui a vocation à s'affirmer comme un leader mondial. D'autant que le Canada est un État fédéral, et que la tentation souverainiste reste très forte dans certaines provinces, qui auraient pu s'inspirer de l'exemple wallon pour exiger d'être traitées, elles aussi, comme de quasi-États. De notre côté, nous étions désolés de cet incident, tout en nous réjouissant que le Canada nous ait offert, volontairement ou pas, le temps de pause dont nous avions besoin pour poursuivre sereinement les négociations avec nos partenaires européens.

6. La carrière de Chrystia Freeland n'a pas pâti de cette péripétie, puisqu'elle fut promue, quelques mois plus tard, au poste de ministre des Affaires étrangères.

CHAPITRE 5

Isolement, ultimatums et menaces

Comment l'Europe mate les rebelles

Après cette interruption involontaire, nous pensions pouvoir profiter de quelques jours de calme. Le Conseil européen s'était soldé sur un échec. Il était devenu évident qu'il faudrait reporter le Sommet euro-canadien. C'était pour l'Union européenne une crise politique, mais elle en a connu d'autres.

Quelle ne fut pas ma surprise, quelques heures à peine après le départ fracassant de Chrystia Freeland, de recevoir un appel du président du Parlement européen, Martin Schultz. Nous nous connaissons depuis quelques années. Socialiste lui aussi, député européen depuis plus de vingt ans, Martin Schultz est une forte personnalité. Originaire de Rhénanie du Nord-Westphalie, une région très proche de la Wallonie autant géographiquement que par son histoire de reconversion industrielle, cet autodidacte, parfait francophone, a d'abord été libraire, conseiller municipal et bourgmestre à l'âge de 31 ans, avant de devenir, en 1994, l'un des députés européens les plus dynamiques de sa génération. Connu du grand public après que le Premier ministre italien, Sylvio Berlusconi, avec la subtilité qu'on lui connaît, lui eut suggéré le rôle de « kapo » dans un film que l'un de ses amis producteurs était en train de monter sur les camps de concentration nazis, Martin Schultz est toujours resté un homme politique franc et abordable. Admiratif de son engagement européen, je n'avais pas manqué de lui dire toute ma surprise et ma désapprobation, lors de la crise sur la dette grecque, quand il avait non seulement marqué peu de soutien au gouvernement d'Alexis Tsipras, mais avait, en outre, suggéré que se forme en Grèce un gouvernement de technocrates. Nous nous étions expliqués franchement, il m'avait détaillé les subtilités de la vie politique allemande pour justifier son point de vue, et bien qu'il ne m'ait pas convaincu, j'avais apprécié la sincérité de son propos.

Le message qu'il voulait me faire passer ce jour-là était en substance le suivant : « Je viens d'avoir un contact avec les Canadiens. Ils comprennent qu'il faudra reporter le Sommet. Je vais donc essayer de retenir Chrystia Freeland à Bruxelles et de la voir demain matin, pour que nous puissions examiner la manière de relancer les discussions, et ce serait bien que nous nous rencontrions juste après. » Quelques minutes plus tard, la vice-présidente de la Commission européenne, Federica Mogherini, m'appelait et me tenait à peu près le même langage. Il devait y avoir du Juncker là-dessous.

J'étais un peu dubitatif, car il me semblait qu'après l'incident canadien il valait mieux attendre que le climat se soit apaisé avant de reprendre les discussions. Mais après en avoir débattu avec mes collègues vice-présidents du Gouvernement wallon, je finis par accepter le principe de cette rencontre.

Martin Schultz est un homme qui ne sépare jamais son idéal de son ambition. Il est sincèrement attaché à l'institution qu'il préside, mais il sait aussi qu'il y a là pour lui un beau coup à jouer. L'échec du Sommet européen et le report probable du Sommet euro-canadien est un fiasco autant pour la Commission européenne que pour le président du Conseil européen, Donald Tusk, qui n'avait cessé de nous imposer des ultimatums. La rivalité entre les trois présidents étant légendaire, Martin Schultz doit se dire qu'il peut être le « sauveur du CETA » et donner par la même occasion le beau rôle au Parlement européen et à son président. Des trois principaux dirigeants européens, il est celui que je connais le mieux, et il préside la seule institution européenne élue au suffrage direct par les citoyens. Pour autant que les règles soient claires, j'accepte donc de jouer dans son jeu, tout en lui indiquant qu'il reste essentiel pour nous de délier le calendrier.

Le lendemain matin de bonne heure, j'arrive au Parlement européen à l'instant même où Chrystia Freeland en sort. Martin Schultz m'accueille cordialement, sous le feu des caméras et des appareils photo des journalistes qu'il n'a pas manqué de convoquer à cette réunion, et me fait monter dans ses bureaux. Alors que je m'attendais à une entrevue en comité restreint, nous sommes nombreux autour de la table. Martin entame la discussion en expliquant qu'il a convaincu les Canadiens de déclarer que leur part du travail est terminée, que les négociations n'ont donc pas échoué, et qu'il faut maintenant poursuivre les discussions entre Européens. Il m'explique qu'il a discuté avec le Premier ministre Justin Trudeau, qui lui a rappelé qu'il avait fait un pas sans précédent en acceptant de rouvrir une négociation qui était censée être close. Il souhaite donc que le Sommet entre l'Europe et le

Canada soit maintenu le 27 octobre. Il rappelle aussi que Justin Trudeau devait en principe venir prononcer un discours historique au Parlement européen, juste avant le Sommet euro-canadien, que celui-ci risque d'être annulé et que tout cela est très humiliant pour les Canadiens. Martin Schultz indique qu'il s'est engagé, de concert avec Donald Tusk et Jean-Claude Juncker, à travailler tout le weekend pour tenter de tenir ces délais.

Cette entrée en matière me surprend. Après un court silence, je demande à le voir en tête à tête. Dans un ballet aussi rapide que silencieux, l'ensemble des collaborateurs présents autour de la table quittent la salle de réunion. Dès que nous sommes seuls, je lui dis franchement mon étonnement: « Martin, j'ai l'impression que tu es en train de me tendre un piège. Hier soir au téléphone, tu m'as dit que tu avais obtenu des Canadiens un report du Sommet. Dans ces conditions, et dans ces conditions seulement, j'ai accepté de venir ici ce matin pour discuter avec toi de la manière dont on pourrait reprendre les négociations. J'ai dit exactement la même chose au téléphone à Federica Mogherini. Tu me dis maintenant que tu veux tout faire pour que l'on trouve un accord d'ici jeudi. Tu dois comprendre que c'est impossible pour nous et que nous tiendrons bon parce que nous n'avons rien à perdre dans cette affaire. » Il me répond immédiatement qu'il est désolé, que ça doit être un malentendu: « J'ai dit aux Canadiens que je ne croyais pas que c'était possible de trouver un accord d'ici jeudi. Mais ils insistent. C'est pour eux une question cruciale. Je leur ai donc indiqué, tout en leur expliquant que cela me paraissait difficile, que je ferais tout pour qu'on trouve un accord d'ici jeudi. » Nous passons une petite demi-heure à vider notre différend. Je ne saurai jamais si nous nous étions mal compris la veille. Je décide de ne pas m'en soucier : dans le fond, en nous aidant à dénouer le calendrier, il rend un fier service à la Wallonie, que je ne manquerai pas de saluer les jours suivants.

Après que nos collaborateurs nous ont rejoints, Martin reprend la parole pour préciser qu'il pense qu'il faut être flexible, et qu'il peut sans doute convaincre les Canadiens de reporter le Sommet européen au 15 et 16 décembre. Ce serait un *upgrade* puisque ce jour-là l'ensemble des chefs d'État et de gouvernement seront là, alors que le Sommet du 27 ne devait se tenir qu'en présence de Donald Tusk et Jean-Claude Juncker. Il réfléchit aussi à la possibilité de reporter le Sommet au 11 novembre, date symbolique importante pour le Canada puisqu'elle rappelle leur engagement auprès des Européens lors de la Première Guerre mondiale.

Nous en restons à ces hypothèses, et je rentre chez moi décidé à prendre un peu de repos avant de rouvrir les discussions. Quelques heures plus tard, en des termes diplomatiquement choisis, le président du Conseil européen, Donald Tusk, formule un nouvel ultimatum, qu'en concertation avec mes collègues du Gouvernement wallon, nous décidons à nouveau d'ignorer.

Alors que je m'attends à passer enfin un morceau de week-end en famille, les pressions se multiplient tout au long de la journée. Le ministre des Affaires étrangères Didier Reynders propose une réunion le lendemain, la commissaire Cecilia Malmström m'annonce que la Commission a préparé de nouveaux textes dont elle voudrait discuter immédiatement, je continue à recevoir de nombreux SMS de toutes parts me priant instamment de reprendre les négociations sans délai. Lassé par ces pressions et ces remises en cause perpétuelles des engagements pris, j'éteins mon téléphone et pars faire une longue promenade dans les bois. Je ferai de même le lendemain, pratiquant pour la première fois la politique de la chaise vide. Je ne rallumerai mon téléphone le dimanche que pour écrire un petit tweet ironique : « Dommage que les pressions de l'UE sur ceux qui bloquent la lutte contre la fraude fiscale ne soient pas aussi intenses. »

Quelques semaines plus tard, quand les événements auront décanté, parcourant les extraits de presse que mes collaborateurs avaient gardés pour moi au plus fort de la tourmente, je prendrai la mesure d'un emballement politique et médiatique dont je n'avais pas pleinement conscience sur le moment. Les manifestations de soutien émanent de toute part de personnalités aussi renommées que l'essayiste canadienne Naomi Klein, de la Fondation de Nicolas Hulot qui m'invite à le rencontrer, de plusieurs candidats français à la primaire de gauche qui me proposent également de nous voir et même de la célèbre militante altermondialiste indienne Vandana Shiva qui déclare dans *Le Soir* du 25 octobre : « Je suis très fière de la petite Wallonie ! » Tout au long du week-end, le débat médiatique fait rage, les uns dénonçant l'impudence de la Wallonie qui paralyse toute l'Europe et met en péril sa crédibilité, les autres saluant au contraire le courage d'une petite région qui ose affronter les institutions et résister aux intenses pressions internationales dont elle fait l'objet. Dans la rue, des citoyens m'interpellent en m'appelant par mon prénom et en me demandant de résister. Moment politique rare.

Derniers ultimatums

Le lundi en début d'après-midi, après avoir tenu, en matinée, des réunions de parti et de majorité, comme nous l'avons fait très régulièrement tout au long des jours précédents, nous nous rendons en large délégation au Comité de concertation, l'instance qui réunit l'ensemble des gouvernements, fédéral et fédérés, de Belgique dans le but de coordonner les politiques. Les francophones sont en nombre. Sont présents : le ministre-président de la Région bruxelloise, Rudi Vervoort, les vice-présidents du Gouvernement wallon, Jean-Claude Marcourt et Maxime Prévot, le ministre-président de la Fédération Wallonie-Bruxelles, Rudy Demotte, et la ministre bruxelloise Céline Fremault. Le Premier ministre, Charles Michel, ouvre sèchement la réunion en expliquant que le président du Conseil européen, Donald Tusk, lui a demandé formellement de répondre à la question suivante : la Belgique est-elle en état de signer le CETA aujourd'hui ? Si la réponse est « non », le Sommet entre l'Union européenne et le Canada sera annulé et aucune autre date ne sera annoncée. Je tente d'expliquer que, le samedi matin, une rencontre s'est tenue avec le président du Parlement européen, Martin Schultz, et que nous sommes convenus d'un processus pour reprendre les négociations, en excluant tout ultimatum. Mais Charles Michel maintient sa position, il veut une réponse claire, oui ou non. S'ensuit alors un tour de table laconique. Rudi Vervoort répond sobrement: « En l'état, c'est non. » Rudy Demotte suit sur le même mode: « À ce stade, notre position est également non. » Le ministre des Affaires étrangères, Didier Reynders, tente bien de rouvrir la discussion, il rappelle les démarches qui ont été entreprises pour rencontrer les attentes des Allemands et des Autrichiens, les nombreuses déclarations annexées au traité qui ont permis de répondre aux inquiétudes d'autres États membres. Mais Charles Michel n'en démord pas. Il veut une réponse par oui ou par non. Maxime Prévot tente à son tour de rouvrir les débats, sans plus de succès. La réunion est clôturée après moins de quinze minutes d'échanges. Quelques jours plus tard, le ministre wallon de l'Économie, Jean-Claude Marcourt, résumera cette séance mémorable en ces termes: le Premier ministre s'est contenté d'être le « notaire de la réunion ».

La reprise des discussions se fera finalement à l'initiative de Didier Reynders. À l'instar de Martin Schultz, il sait qu'il a une belle carte à jouer. Tout au long du Sommet européen des 20 et 21 octobre, le Premier ministre, Charles Michel, a fait l'objet d'intenses pressions de la part de ses collègues chefs d'État et de gouvernement, et a écorné son image en ne parvenant pas à dégager un accord en Belgique. Si Didier Reynders réussit à sortir les négociations de l'ornière où elles sont enlisées, il peut se présenter comme celui qui a réglé les problèmes que son propre Premier ministre, qui est à la fois son meilleur allié et son plus proche rival, a laissé en suspens. Il décide donc de nous convoquer le 25 octobre au palais d'Egmont. Il nous indique que le négociateur en chef de la Commission européenne, Mauro Petriccione, sera présent à la réunion, toujours muni d'un mandat personnel du président Juncker. Nous devrions donc pouvoir, au cours d'une telle réunion, écrire directement des amendements au traité et renouer ainsi la négociation interrompue après le malheureux épisode canadien.

Soucieux de ne pas permettre à nos interlocuteurs belges et européens de nous enfermer dans un nouveau calendrier intenable, je déclare en arrivant au palais d'Egmont devant les nombreux journalistes présents : « Nous avons déjà rejeté trois ultimatums, nous n'en tolérerons pas un quatrième. Si un nouvel ultimatum est posé, d'où qu'il vienne, nous interromprons aussitôt les discussions. »

Dans la sinistre salle de réunion sans fenêtres, le négociateur en chef de la Commission européenne rappelle d'emblée qu'il est là pour agir à la fois comme facilitateur et rédacteur. Comme nous avions commencé à le faire lors des négociations des jours précédents, nous examinons comment les différents textes peuvent s'agencer pour former un accord global et cohérent apportant satisfaction aux revendications essentielles de la Wallonie.

Nous avançons sur nos propositions visant à remplacer le mécanisme d'arbitrage tel qu'il figure dans le traité par une véritable Cour offrant les plus hautes garanties juridictionnelles et imposant aux futurs membres de cette Cour les conditions d'impartialité les plus élevées. Toutes ces modalités sont inscrites noir sur blanc dans un projet de « déclaration conjointe de la Commission et du Conseil de l'Union européenne », ce qui conduit le négociateur en chef de la Commission à ce trait d'humour : « J'espère que la Wallonie se rend compte que ce soir elle tient à la fois la plume de la Commission et du Conseil de l'Union européenne. » Nous débroussaillons également le fameux « Accord intra-belge » dans lequel nous avons inscrit les deux verrous qui nous permettront, après l'éventuelle signature du traité, de mettre fin à l'application provisoire du traité si les institutions européennes ou le Gouvernement fédéral belge ne devaient pas respecter les engagements pris à notre égard.

Le ministre des Affaires étrangères use de toute son habilité pour qu'à aucun moment les discussions ne s'interrompent. Il se dit prêt à examiner immédiatement tout texte nouveau, toujours convaincu qu'il est possible, à la belge, de maintenir la pression pour arriver à un accord dans la nuit – tout en précisant à plusieurs reprises qu'il ne veut, quant à lui, poser aucun ultimatum. Nous nous relayons alors pour lui faire comprendre que, comme on dit en Belgique, « il n'y a d'accord sur rien tant qu'il n'y a pas d'accord sur tout », et au terme d'une dizaine d'heures de discussions intenses, nous finissons par convenir que nous ne pourrons pas terminer cette nuit et qu'il est plus sage de nous revoir le lendemain en début d'après-midi, ce qui laisse le temps à chacun de procéder aux consultations techniques et juridiques nécessaires.

La facilité avec laquelle la Commission européenne et le ministre fédéral des Affaires étrangères acceptent désormais de négocier avec nous peut paraître déconcertante, surtout si l'on se souvient que pendant des mois nos appels au dialogue sont restés sans réponse. Mais l'attitude de nos interlocuteurs est parfaitement logique. Nous sommes à deux jours de la date initialement prévue pour la tenue du Sommet entre l'Europe et le Canada. Quelques jours plus tôt, le Sommet européen a échoué à réunir l'accord des vingt-huit États membres sur ce fameux CETA. L'image de l'Europe est profondément dégradée après la crise de la dette, l'incapacité des Européens à gérer la problématique des réfugiés et le Brexit, les institutions européennes ne peuvent pas se permettre d'apparaître comme incapables, en plus de tout cela, de négocier des accords commerciaux, ce qui est l'une de ses rares compétences exclusives et l'une des matières dans lesquelles elle a été la plus active au cours des décennies précédentes. Le journal britannique *The Economist* résume parfaitement le sentiment des élites européennes quand il écrit : « Si l'Europe n'arrive plus à finaliser des accords commerciaux, à quoi sert-elle encore ? » Pour la Commission européenne, sortir au plus vite de cette impasse est une question de crédibilité fondamentale. Du côté du Gouvernement fédéral belge, le problème est le même. Tout au long du Sommet européen des 20 et 21 octobre, le Premier ministre, Charles Michel, n'a pas pu apporter le « oui » de la Belgique tant attendu de ses vingt-sept collègues. Pays fondateur de l'Union européenne, qui n'hésite jamais à faire la leçon à ses partenaires, la Belgique ne peut pas se permettre d'apparaître comme un mauvais élève de la classe européenne, en raison de dissensions internes. Il y va de la crédibilité internationale du pays, ce que Didier Reynders, qui fréquente les plus hautes institutions internationales depuis plus de quinze ans, sait mieux que personne.

Wallons et Bruxellois mettront le reste de la nuit et la matinée du lendemain à profit pour lire et relire, faire analyser par leurs juristes-conseils, tous les textes qui sont désormais sur la table. Chacun consulte son propre parti, des réunions de majorité se tiennent pour redéfinir avec la plus grande rigueur et la plus grande précision les points sur lesquels nous souhaitons encore obtenir des avancées et affuter la stratégie.

Les négociations reprennent dans la journée du 26 octobre, au Lambermont, résidence du Premier ministre et siège traditionnel des réunions du Comité de concertation. La table est large. D'un côté, on trouve les représentants du Gouvernement fédéral : le Premier ministre et le ministre des Affaires étrangères, accompagnés du représentant permanent de la Belgique auprès de l'Union européenne, qui éprouve de plus en plus de difficultés à résister aux pressions de ses vingt-sept collègues, et du négociateur en chef de la Commission européenne, Mauro Petriccione, dont la placidité reste totale. Sur les trois autres côtés de la table sont installés les représentants des entités fédérées belges : wallons, bruxellois, flamands et germanophones. Dans ces dernières heures, le fait d'être en nombre, et parfaitement coordonnés entre francophones, nous permet de nous relayer et de nous appuyer sans relâche. Cette stratégie collective permet aussi à chacun d'insister sur les matières qu'il connaît le mieux – c'est ainsi, par exemple, que Maxime Prévot défendra, pied à pied, les amendements relatifs à l'agriculture face à la Commission européenne.

La négociation est, comme c'est souvent le cas lorsqu'il s'agit de textes internationaux et européens, techniquement complexe. L'ensemble des documents sur lesquels nous travaillons afin de corriger et d'améliorer le CETA forme, en quelque sorte, une fusée à trois étages. La base est composée de l'instrument interprétatif conjoint entre l'Union européenne et le Canada. La négociation sur ce document, qui a succédé à la déclaration interprétative proposée par la Commission européenne à l'entame des discussions, est terminée depuis que le Canada, quelques jours plus tôt, a confirmé son accord sur l'ensemble de ce texte. C'est dans ce document que l'on trouve quelques-unes des précisions et corrections au CETA les plus fondamentales, notamment en ce qui concerne le droit des États de réguler, la protection des services publics et de la sécurité sociale, la définition des mécanismes de résolution des conflits, les engagements en matière de développement durable et de respect de l'environnement et du droit du travail… Le deuxième étage est composé d'une série de déclarations européennes émanant soit du Conseil des ministres, soit conjointement du Conseil et de la Commission européenne, soit encore des États membres. C'est dans cette partie-là de l'accord que nous négocions longuement un nouveau mécanisme de résolution des conflits qui offre les plus hautes garanties juridictionnelles, et que nous discutons des matières agricoles et de la protection des mécanismes nationaux de sécurité sociale. Le troisième étage est constitué de ce que l'on appelle l'« Accord intra-belge ». Il s'agit là de formaliser les verrous qui nous permettront de conserver le contrôle sur le CETA après sa signature. Un premier verrou consiste à demander l'avis de la Cour de justice de l'Union européenne concernant la compatibilité des mécanismes d'arbitrage avec les traités européens. Nous précisons que nous ne ratifierons pas le CETA tant que nous n'aurons pas la garantie que ce mécanisme est conforme au traité. Ceci peut prendre plusieurs années, et c'est donc une manière de forcer la Commission européenne à mettre en œuvre nos propositions alternatives, si elle souhaite que le traité finisse par entrer pleinement en vigueur. Le deuxième verrou consiste en un mécanisme d'évaluation permanente des effets socioéconomiques et environnementaux du CETA, sur la base duquel nous nous réservons le droit de mettre fin à l'application provisoire du traité à tout moment, s'il devait apparaître qu'il produit des effets négatifs. C'est une procédure très inhabituelle, mais l'Allemagne avait demandé à bénéficier d'un tel privilège pour répondre aux préoccupations de sa Cour constitutionnelle, et nous en avons profité pour l'étendre, dans le cadre belge, aux Parlements régionaux. Ces deux verrous sont essentiels, parce qu'ils confirment que le pouvoir final reste dans les mains des parlementaires. Personne, ni dans le cadre belge ni au sein de l'Union européenne, ne peut ignorer, à l'avenir, les demandes de la Wallonie, ni feindre de ne pas savoir que la Wallonie a annoncé qu'elle ferait usage de ce droit de veto si elle n'était pas entendue.

À cela s'ajoutent des garanties plus spécifiques. L'une d'elles concerne la coopération réglementaire, un sujet qui avait fait couler beaucoup d'encre. De nombreux observateurs craignaient, en effet, que cette soi-disant coopération conduise à ce que de nouvelles normes soient énoncées par des agences techniques qui n'ont de compte à rendre à aucun élu. Afin d'éviter une telle dérive technocratique, nous avons indiqué que, pour les compétences qui sont les nôtres, nous demanderions un accord préalable du Parlement avant d'entamer quelque coopération réglementaire que ce soit. Le Gouvernement flamand, qui était très hostile à cette procédure d'autorisation parlementaire, a fini par l'accepter, dans un geste constructif apprécié par chacun. Je n'entre pas ici dans plus de détails, les lecteurs qui souhaitent en savoir plus sur les demandes formulées par la Wallonie et les résultats qu'elle a obtenus pourront se référer au document figurant en annexe qui reprend point par point nos acquis.

Parallèlement à ces trois chapitres de négociations, nous menons constamment une discussion sur la force juridique de ces documents. C'est un élément technique mais fondamental. La toute première proposition de déclaration interprétative rédigée par la Commission, en collaboration avec le Canada, constituait une déclaration purement politique. Ses termes étaient souvent très généraux, pour ne pas dire vagues, et elle relevait plus du commentaire du traité que de véritables corrections. Lorsque nous avons commencé à discuter concrètement avec la Commission européenne, le 19 octobre, nous avons clairement indiqué que nous voulions que les textes annexés au traité aient la même valeur juridique que celui-ci, et qu'il s'agisse donc, *de facto*, d'amendements au CETA. À nouveau, je n'entre pas ici dans les détails, mais nous avons obtenu sur ce point pleine et entière satisfaction. L'ensemble des documents que nous avons négociés, les trois étages que je viens de mentionner, forment un tout indissociable, annexé au traité et publié au *Journal officiel*. Cela signifie qu'aucun État membre ne peut dire : « J'accepte le CETA mais je ne veux pas des annexes. » C'est tout ou rien. L'ensemble des annexes, et parmi elles tout ce qui a été négocié par la Wallonie, fait partie intégrante des engagements pris par l'ensemble des signataires du traité. Par ailleurs, une déclaration du service juridique du Conseil rédigée à notre demande précise en des termes parfaitement clairs que ces documents sont juridiquement contraignants[7]. Enfin, à notre demande toujours, figure dans les annexes un tableau de concordance qui permet au lecteur de voir immédiatement à quel article du CETA se réfèrent les précisions et corrections que nous avons obtenues, ce qui est la manière la plus claire d'indiquer qu'il s'agit bien d'amendements de fait au traité.

Lorsque les libéraux, tentant de minimiser les avancées obtenues par la Wallonie et de cacher leur propre immobilisme, déclareront qu'« on n'a pas touché une virgule au traité », ils utiliseront une formule de style certes efficace mais qui dissimule la réalité. Le texte lui-même n'a en effet pas été modifié, puisque nous avions nous-mêmes choisi de le faire amender aux moyens de textes annexés, mais ceci change fondamentalement la manière dont le traité sera mis en œuvre en pratique et constitue un précédent pour toutes les négociations futures.

Retour vers la base

D'heure en heure, les négociations nous permettent d'engranger des clarifications, précisions et corrections au traité, et nous commençons à voir venir le moment où tout cela pourra être consolidé dans un accord global. Dans la soirée du mercredi 26, chacun s'en retourne devant son bureau de parti pour expliquer aux siens l'état des négociations.

7. Le service juridique du Conseil confirme par la présente qu'en vertu de l'article 31(2)(b) de la convention de Vienne sur le droit des traités, l'instrument interprétatif conjoint qui doit être adopté par les parties à l'occasion de la signature du CETA, dont elle forme le contexte, constitue un document de référence dont il devra être fait usage si une question se pose dans le cadre de la mise en œuvre du CETA en ce qui concerne l'interprétation de ses termes. À cet effet, il a force juridique et un caractère contraignant.

Ces moments politiques là sont essentiels. On ne mesure pas toujours assez combien il est important pour celui ou celle qui est assis directement à la table des négociations de rendre compte directement et régulièrement aux représentants de sa propre formation politique, ainsi qu'aux organisations syndicales, mutualités et associations dont il est proche. Pris dans une spirale de négociations, on pourrait rapidement s'enfermer dans un raisonnement qui, tout en étant parfaitement cohérent, s'éloignerait des attentes de ceux que l'on représente. Le va-et-vient permanent entre la « base » et les interlocuteurs extérieurs permet de rester en phase avec les siens. Par ailleurs, ces discussions internes s'apparentent à un bain de jouvence permanent. Quand on doit expliquer à ceux qui n'ont pas directement suivi la négociation ce que ces expressions techniques signifient, en termes politiques clairs et intelligibles, cela force à revenir au sens fondamental des choses. Sans compter que nos amis les plus proches sont souvent nos meilleurs contradicteurs. C'est la raison pour laquelle, dix fois par jour, j'ai sollicité l'avis de mon chef de cabinet, Anne Poutrain, et de mes conseillers, Laurent Zecchini et Frédéric Masquelin, qui se tenaient suffisamment à distance de la technicité des débats pour me ramener constamment à l'essentiel, et leur soutien a été déterminant.

Lorsque je présente l'état des négociations au bureau de mon parti dans la soirée du 26 octobre, j'insiste sur ce qui me paraît politiquement déterminant. Nous, progressistes, ne pouvons pas nous accommoder d'une mondialisation sans règles où ce sont, de fait, les multinationales qui font la loi. Nous ne sommes pas contre les traités, au contraire, nous voulons des traités qui mettent de l'ordre dans la globalisation et réaffirment la primauté des normes qui protègent ce qui est pour nous essentiel : le droit du travail, la santé publique, l'environnement, les services publics… Si nous voulons améliorer le CETA, plutôt que le refuser purement et simplement, c'est d'abord parce que nous avons gagné, au terme d'un rapport de force sans précédent, une position qui nous permet de négocier en ligne directe avec la Commission européenne, ce qu'aucune région n'a jamais obtenu. C'est ensuite parce que nous pouvons créer un précédent politique. Si nous parvenons à consolider tous les points d'accord discutés jusqu'ici dans un texte clair et précis, nous pourrons, demain, considérer que ceci forme un standard auquel nous ne dérogerons pas. Ceci signifie que le TTIP, le fameux accord de libre-échange que l'Union européenne négocie avec les États-Unis, est mort et enterré. Et ceci signifie également que la Commission devra revoir sa manière de négocier les traités commerciaux et leur contenu, sous peine de s'exposer, à nouveau, à la rébellion des Régions francophones de Belgique.

Lors des débats qui suivent, le soutien de nos amis socialistes est large. La députée wallonne Olga Zrihen, qui a été l'une des principales actrices de ces discussions au sein du Parlement, et son chef de groupe Christophe Collignon, ouvrent les discussions en considérant que, si nous parvenons à faire confirmer toutes les avancées engrangées jusqu'ici, ce sera un formidable progrès qu'il faudra défendre. Beaucoup d'autres interviennent ensuite, parmi lesquels la cheffe de l'opposition au Gouvernement fédéral Laurette Onkelinx, qui, avec le ministre de l'Économie, Jean-Claude Marcourt, a été d'un soutien moral et politique constant tout au long de ces négociations.

Depuis que la bataille du CETA était devenue un feuilleton politique très largement médiatisé, nous recevions, chaque jour, des milliers de messages de soutien, et des citoyens qui ne s'étaient jamais engagés en politique nous écrivaient en nous annonçant qu'ils souhaitaient adhérer au PS (ce qui, reconnaissons-le, n'était plus arrivé depuis un certain temps). La tentation aurait donc pu être forte de tirer avantage de ce climat politique, d'envoyer le CETA par le fond, pour nous présenter comme les nouveaux héros de la lutte contre la mondialisation et contre les institutions européennes. Mais ce qui a toujours fait la force et la grandeur du socialisme démocratique, c'est sa capacité à reconnaître, à un moment donné, que le rapport de force a permis d'atteindre des résultats qu'il faut consolider en acceptant l'accord, avant de repartir au combat. Sans cette attitude, les combats sont vains, ils n'apportent rien aux citoyens. Il aurait été plus facile de rester dans la pure opposition et chacun mesurait que le travail d'explication des amendements que nous avions obtenus serait très compliqué, mais le sens des responsabilités l'a emporté sur la tentation électoraliste.

Je me suis fait la même réflexion le lendemain, lors des débats au Parlement de Wallonie. Le soir même de l'accord, formalisé en fin de matinée du jeudi 27, Maxime Prévot et moi sommes venus présenter les résultats devant les parlementaires. Nous étions convenus que le débat se tiendrait en deux temps. Dans la soirée du jeudi, nous examinerions en commission, jusque dans les moindres considérations techniques, les avancées obtenues par la Wallonie, tandis que nous tiendrions le lendemain, en séance plénière, un débat de portée politique plus générale. Dans la soirée et en début de nuit, Maxime Prévot et moi avons passé de nombreuses heures à rendre compte de l'état de nos travaux. Depuis quelques jours, sachant que nous finirions par aboutir à un accord, nous nous attendions à ce que ce moment de l'explication politique soit difficile. Tant que la Wallonie paraissait seule au monde, nous avions bénéficié de très larges soutiens, au-delà des frontières de la majorité. Dès lors que l'accord était formalisé, il était logique que chacun reprenne ses droits et que les écologistes, notamment, qui nous avaient appuyés depuis de longs mois, marquent leur différence. Or, la tonalité de ces échanges est restée extrêmement constructive. Le député écologiste Stéphane Hazée, qui avait été très actif dans ces débats depuis le premier jour, entama son intervention en exprimant «le respect [qu'il a] pour l'énergie qui a été mobilisée par le gouvernement dans le dossier et pour les innovations qui ont été mises en œuvre». Personne, dans l'assemblée parlementaire wallonne, de l'extrême gauche à la droite radicale, ne put nier que la Wallonie avait joué dans cette saga du CETA un rôle essentiel. Ceux qui se plaisaient depuis des années à considérer que le Parlement wallon n'était qu'un «gros conseil communal» devaient reconnaître qu'à travers son travail d'analyse minutieux et rigoureux mené au cours des deux années précédentes, le Parlement régional avait fait une éclatante démonstration de sa maturité politique. Le sentiment, répandu sur l'ensemble des bancs, d'avoir participé à une aventure politique exceptionnelle, dont très peu d'assemblées régionales ont eu la chance de faire l'expérience, procurait un certain sentiment de fierté collective. En séance plénière le lendemain, le député écologiste Stéphane Hazée l'exprimerait en ces termes: « Il y a une série de personnes [...] qui, pour la première fois de leur vie, se sont senties fières d'être wallonnes. Cela aussi, c'est important. Nous voulons dire ici toute l'importance de cette mobilisation, de ce travail démocratique, de cette fierté collective. » Le député du PTB Frédéric Gillot, qui n'était entré dans la discussion du CETA que dans les derniers jours, tiendrait un propos similaire: « Je ne ferai pas partie de ceux qui disent que vous n'avez rien obtenu, Monsieur Magnette. Je sais à quel point les pressions ont été fortes. Le fait que nous ayons, avec ce Parlement, ouvert un large débat démocratique dans la société civile européenne sur un traité que tous les dirigeants européens s'apprêtaient à faire passer comme une lettre à la poste, en catimini, est un premier acquis et il n'est pas sans importance. »

Dans l'intérêt de l'Europe, il faut parfois lui désobéir

Avec quelques mois de recul, on peut commencer à tirer les leçons de cette saga. L'Union européenne est, je l'ai dit, une organisation internationale extrêmement complexe. Faire en sorte que vingt-huit États, dont certains ne comptent que quelques centaines de milliers d'habitants et d'autres plusieurs dizaines de millions, dont certains sont très riches et d'autres peinent à se redéployer, nouent des accords qui vaudront pour un demi-milliard de citoyens européens, est en soi une prouesse quotidienne. L'Union européenne n'y parvient que parce qu'elle a développé, au fil des décennies, des méthodes de négociation d'une efficacité souvent redoutable.

La première difficulté que nous avons dû affronter est celle de l'isolement. Pendant un an, entre ma première réunion, le 2 octobre 2015, avec la commissaire Cecilia Malmström et la timide ouverture des négociations le 4 octobre de l'année suivante, la stratégie de la Commission a consisté à ignorer purement et simplement les réticences wallonnes. Au cours de cette période, nous n'étions pas encore seuls, les Gouvernements allemands et autrichiens se battaient eux aussi pour améliorer le CETA, notamment sur la question très sensible des mécanismes d'arbitrage, et nous pouvions donc compter sur de solides alliés. La Roumanie et la Bulgarie, de leur côté, cherchaient à monnayer leur soutien au CETA pour obtenir de nouveaux privilèges en matière de visas pour leurs nationaux. Il y avait donc parmi les vingt-huit États membres de l'Union, cinq pays émettant des objections. L'Allemagne fut la première à obtenir gain de cause. Le Gouvernement autrichien, dirigé par un chancelier social-démocrate, a lui aussi tenté d'arracher des concessions jusqu'à la dernière minute, et fini par obtenir, dans le cadre de la déclaration interprétative préparée par la Commission, des précisions qui apaisaient ses craintes principales. À la même époque, la Commission traitait directement avec le Canada afin de trouver un compromis sur la question des visas, qui a permis à la Roumanie et à la Bulgarie de se rallier aux autres États membres. Nous nous sommes alors retrouvés seuls. Et lors de mon entrevue avec la commissaire Malmström le 19 octobre 2016, j'ai compris que sa stratégie consistait à tenter de nous faire céder sous prétexte que nous n'avions désormais plus aucun allié au sein de l'Union européenne. La situation était d'autant plus difficile pour nous que nous avions en effet constaté, hélas, que même les dirigeants sociaux-démocrates qui pouvaient partager nos préoccupations n'entendaient pas venir à notre secours. Certains d'entre eux prétendaient qu'Elio Di Rupo était prêt à trouver un accord, mais que je n'en voulais pas. D'autres affirmaient au contraire que je voulais aboutir à un compromis, mais qu'Elio Di Rupo refusait de céder. Conscients de ces ambivalences, nous en avons sciemment joué dans les moments les plus tendus pour brouiller les pistes et gagner du temps.

Ce qui nous a permis de résister, dans cette situation d'isolement total, c'est que si nous étions diplomatiquement seuls, nous bénéficions, en revanche, d'un large soutien politique bien au-delà des frontières de la Belgique. Les milliers de messages de soutien qui nous sont parvenus des quatre coins de l'Europe et du Canada, les manifestations spontanées qui se sont tenues en divers endroits et les vifs débats menés dans les médias et sur les réseaux sociaux par de nombreuses organisations de la société civile et par des intellectuels et militants nous ont convaincus de la légitimité de nos revendications. C'est une première leçon. Pendant les premières décennies de son existence, l'Union européenne a vécu à l'abri des opinions publiques. Les négociations étaient menées par des diplomates et des hauts fonctionnaires, à huis clos, et rares étaient les citoyens qui s'intéressaient à ces enjeux. Depuis quelques années, l'objet européen fait l'objet d'une intense politisation, que les institutions européennes ne peuvent plus ignorer. En portant nos divergences sur la place publique, en jouant constamment la carte de la transparence, nous avons pu compenser notre isolement diplomatique par un mouvement de mobilisation politique.

L'exercice est périlleux, mais il en vaut la peine. Aucun dirigeant national ne peut longtemps ignorer la mobilisation de sa propre société civile. Plusieurs des chefs d'État et de gouvernement avec lesquels je me suis entretenu au cours de ces semaines n'ont pas caché qu'ils voulaient aller vite parce qu'ils craignaient que plus les débats durent, plus la résistance wallonne fasse tache d'huile. Quand près de dix mille citoyens hollandais se sont réunis à Amsterdam en brandissant des pancartes « Stop CETA » et « Vive la Wallonie », nous avons non seulement vécu un moment politique surprenant, mais aussi l'amorce d'un revirement de situation. Plus de deux cents mille citoyens néerlandais ont sollicité un référendum sur ces traités. En France et en Allemagne, des mouvements du même type se sont esquissés, renforcés par la perspective des échéances électorales proches. La saga du CETA a permis de commencer à politiser l'enjeu, longtemps obscur, des conséquences sociales, économiques, environnementales et sanitaires du commerce international. C'est sur cet acquis qu'il faudra bâtir les mobilisations qui forceront la Commission à négocier autrement les traités à venir.

La deuxième technique à laquelle recourent les institutions européennes pour forcer ceux qui lui résistent à rentrer dans le rang consiste à multiplier les ultimatums. Au tout début du mois d'octobre, on nous a expliqué qu'il était impossible de discuter au-delà du 12 octobre, date de la réunion du

Comité des représentants permanents qui devait préparer le Sommet du 27 octobre entre l'Europe et le Canada. Lorsque ce délai a été dépassé, on nous a fait comprendre qu'il était impossible d'aller au-delà de la réunion du Conseil des ministres du Commerce du 18 octobre. Nous avons à nouveau laissé passer cette date, et l'on nous a alors indiqué qu'on ne pourrait en aucun cas aller au-delà de la réunion du Conseil européen des 20 et 21 octobre.

Les jours qui ont précédé cette échéance ont d'ailleurs été ceux au cours desquels les pressions politiques ont été les plus larges et les plus intenses, mais nous avons pris le risque, politiquement mesuré, d'assumer un échec du Conseil européen. Dès le lendemain de cet échec, la machine européenne s'est remise en marche pour tenter de nous faire céder dans les plus courts délais et maintenir la date prévue du Sommet entre l'Union européenne et le Canada quelques jours plus tard. Nous avons refusé à nouveau de céder à cet ultimatum, que nous avons publiquement dénoncé. Que Justin Trudeau soit venu à Bruxelles quelques jours seulement après le report du Sommet démontre *a posteriori* que leur menace de clore définitivement les discussions avec les Européens en cas de report n'était qu'un coup de bluff, comme nous en étions convaincus depuis le début.

Dans de telles confrontations, la question du temps est essentielle. Plus les délais sont brefs, moins nous avons de chance d'obtenir une véritable réouverture des négociations. Quand elles sont confrontées à une série de blocages successifs, les institutions européennes acceptent de mauvaise grâce d'ouvrir enfin le dialogue. Mais elles tentent alors de le contenir dans le calendrier le plus serré, à la fois pour éviter de devoir faire des concessions trop larges et pour ne pas permettre à d'autres États membres de se raviser et rejoindre le camp des récalcitrants.

Ce sont surtout les rivalités entre les trois présidents européens qui nous ont été les plus utiles. Donald Tusk, président du Conseil européen, n'a eu de cesse de multiplier les ultimatums. De son côté, le président du Parlement européen, Martin Schultz, fut le premier à comprendre que cette stratégie risquait d'aggraver encore les tensions et de conduire à un échec total, et qu'à l'inverse, la réouverture des négociations pouvait lui donner une belle visibilité politique. L'initiative qu'il a prise, au lendemain de l'interruption des discussions par les Canadiens, a permis de relâcher la pression. Après avoir d'abord tenté de nous convaincre de trouver un accord avant le Sommet avec le Canada, il a finalement déployé toute son énergie pour obtenir un report de cette rencontre afin que nous puissions négocier sans contrainte de temps excessive. Le président de la Commission européenne, Jean-Claude Juncker, s'est rallié à cette position. Homme politique de grande expérience, habitué à la complexité institutionnelle dans son propre pays, et très bon connaisseur de la vie politique belge, il savait qu'un report du Sommet euro-canadien était préférable à une crise politique qui aurait pu se prolonger indéfiniment. Même si, quelques jours plus tard, il ne put s'empêcher de faire la leçon aux Belges en les invitant à revoir la manière dont ils négocient les accords internationaux.

La troisième tactique qui permet à l'Union européenne de faire pression sur ceux qui lui résistent consiste à énoncer des menaces, plus ou moins directes et plus ou moins explicites. Dès les premiers jours de la saga du CETA, les milieux d'affaires ont agi en ce sens, évoquant publiquement les risques économiques que courait la Wallonie en s'isolant de ses partenaires européens et le danger qu'il y avait pour elle de ternir sa réputation, ce qui pourrait se traduire par des pertes d'investissements étrangers. L'ambassadeur d'un des États membres de l'Union européenne est même allé jusqu'à informer le ministre wallon de l'Économie, Jean-Claude Marcourt, du fait qu'une grande entreprise de son pays, qui avait l'intention de faire un important investissement en Wallonie, reviendrait sur cette décision si nous ne signions pas le CETA. La menace de non-investissement est un grand classique dans les bras de fer entre les autorités publiques et les multinationales. J'avais pu m'en rendre compte quelques années plus tôt lorsque je me battais en tant que ministre fédéral de l'Énergie pour arracher aux producteurs d'énergie nucléaire une contribution au budget de l'État en contrepartie de la rente qu'ils tiraient de l'amortissement accéléré des centrales nucléaires.

Les institutions européennes s'expriment quant à elles dans des termes plus policés. Au cours des nombreuses réunions que nous avons tenues pendant ces quelques semaines, on nous a fait comprendre que, si nous nous obstinions, nous rendrions plus difficile le travail de la commissaire Marianne Thyssen qui cherche à faire réviser la directive sur le détachement des travailleurs pour lutter contre le dumping social; que les mesures antidumping que la Commission européenne s'apprêtait à prendre pour protéger la sidérurgie européenne des importations chinoises pourraient ne jamais aboutir si la Wallonie continuait à paralyser les négociations commerciales; que la mise en place d'une nouvelle période de programmation pour les fonds de cohésion, dont la Wallonie a beaucoup bénéficié et dont elle a encore besoin pour amplifier sa reconversion économique, pouvait être mise en péril par notre rébellion.

De leur côté, les libéraux flamands n'hésitèrent pas à encourager le Gouvernement fédéral belge à se passer de l'avis des Wallons pour signer le CETA, ce qui aurait été une violation flagrante des règles constitutionnelles, comme l'ont justement reconnu le Premier ministre et le ministre des Affaires étrangères. Je ne veux pas exagérer ici le poids de telles menaces. Et nous avons d'ailleurs choisi, du premier au dernier jour, de les ignorer. L'histoire de l'intégration européenne démontre, en effet, qu'elle ne met jamais à exécution ses avertissements. Certains États membres bloquent depuis des décennies des dossiers relatifs à l'harmonisation fiscale, d'autres n'hésitent pas à jouer avec les libertés fondamentales sans subir la moindre mesure de rétorsion. Imagine-t-on que, alors que les principes que nous défendons sont conformes aux valeurs de l'Union européenne et qu'ils jouissent d'un large soutien dans l'opinion publique en Europe, on aurait pu nous faire payer notre impudence? Nous ne l'avons jamais cru.

Si nous avons pu déjouer ces manœuvres, c'est aussi parce que nous n'avions pas d'enjeu personnel dans cet affrontement. Au cours de ces semaines intenses, j'ai souvent pensé à Alexis Tsipras. Comme nous, il s'était trouvé terriblement isolé et avait dû constater que même les dirigeants politiques qui étaient les plus proches de lui ne l'avaient pratiquement pas aidé. Comme nous, il avait été constamment confronté à des ultimatums et à des menaces. Mais alors que nous pouvions ne pas prendre au sérieux ces menaces, il était, lui, pieds et poings liés. Ayant absolument besoin de refinancer la dette grecque sous peine de ne pas pouvoir payer les salaires des fonctionnaires et les pensions, il fut contraint, après avoir opposé une courageuse résistance, d'accepter le compromis imposé par les institutions de la Troïka. De notre côté, nous n'étions demandeurs de rien, nous pensions que le CETA, si nous parvenions à le corriger, était un traité utile pour commencer à remettre de l'ordre dans la mondialisation, mais il n'affectait que très indirectement nos intérêts. Ces circonstances tout à fait exceptionnelles expliquent que nous ayons pu aller au bout de notre logique.

CHAPITRE 6
Pour une autre mondialisation

La saga du CETA aura permis de faire bouger les lignes. Nos partenaires canadiens ont accepté d'inclure dans ce traité et ses annexes un niveau de protection des normes environnementales, sociales et sanitaires, des services publics et des droits fondamentaux que l'on ne trouve dans aucun autre traité du même type. Nous pourrons désormais exiger de l'Union européenne qu'elle applique ce standard à toutes ses autres négociations commerciales. Ceci permettra, pas à pas, d'enfin réguler véritablement la mondialisation. Alors que le commerce a été trop longtemps considéré comme un bien en soi et que de tels traités ont été utilisés par les multinationales et leurs lobbys pour renforcer encore leurs bénéfices, les corrections que nous avons obtenues permettent enfin de réaffirmer les droits des États à réguler dans toutes les matières qu'ils considèrent essentielles et de protéger ainsi l'intérêt public. Comme l'écrit sur son blog l'essayiste Raoul-Marc Jennar, l'un des meilleurs spécialistes francophones de ces traités : « Jamais un document de ce statut n'a été aussi loin dans la remise en cause de la pensée néolibérale observée dans les négociations en cours[8]. »

8. Voir aussi Raoul-Marc Jennar, « La résistance wallonne, bluff ou brèche ? », *Le Monde diplomatique*, janvier 2017.

Le tableau comparatif qui figure en annexe – qui présente point par point les avancées obtenues par la Wallonie, en regard des demandes formulées par son Parlement dans sa résolution du 27 avril 2016 – permettra à chacun de se forger une opinion personnelle. Nous avons obtenu que l'on confirme et consolide le droit d'interdire l'importation de bœuf aux hormones et d'OGM, et le pouvoir de recourir à des clauses de sauvegarde pour protéger notre agriculture quand elle est menacée. Nous avons intégré les principes de précaution, l'exception culturelle, le respect des droits de l'homme, qui seront pleinement garantis. Nous avons fait reconnaître par nos partenaires que de tels traités commerciaux ne peuvent pas conduire à la privatisation des services publics et que les États membres conservent le droit de renationaliser les secteurs qui auraient au préalable été privatisés, et nous avons protégé de la même manière la possibilité d'inclure des clauses sociales et environnementales dans les marchés publics. Nous avons soumis les mécanismes de coopération réglementaire à un processus d'autorisation parlementaire préalable. Et obtenu des précisions qui empêcheront toute multinationale, américaine par exemple, d'utiliser le CETA comme un cheval de Troie pour attaquer les législations européennes.

Enfin et peut-être surtout, nous avons corrigé le CETA sur un point essentiel, qui fera précédent : jamais les États ne pourront être condamnés à payer une indemnité à une multinationale sous prétexte qu'ils auraient renforcé leurs législations environnementales ou sociales. C'est là un point crucial. Les clauses de protection des investisseurs, combinées au recours aux mécanismes d'arbitrage privés, auraient pu affaiblir la capacité des États de défendre l'intérêt public, en les soumettant au chantage permanent des multinationales. Les corrections que nous avons obtenues constituent, de ce point de vue, un tournant.

Sans oublier que nous avons également élaboré les deux verrous évoqués plus haut dans ce chapitre, qui préservent intégralement les droits des parlements, lesquels pourront, à tout moment, décider de mettre fin à l'application provisoire du CETA avant sa ratification, comme de ne pas ratifier ce traité si tous les engagements pris ne devaient pas être tenus. On ne pourra plus dire désormais que les négociations commerciales échappent au contrôle parlementaire.

À quoi sert le commerce ?

Ce qui m'a plus d'une fois stupéfait, lors des nombreux contacts que j'ai entretenus au cours de ces quelques semaines avec des responsables des institutions européennes, c'est le fait qu'ils ne semblent plus jamais se poser cette simple question : à quoi sert le commerce ? Ils sont si idéologiquement marqués par les théories néolibérales, qu'ils ne prennent même plus la peine de se demander si le commerce présente de réels avantages. Or, il y a aujourd'hui de bonnes raisons d'en douter, ou en tout cas de relativiser ses effets positifs. Longtemps, on a pu croire que le commerce favorisait les exportations de nos entreprises et donc la création d'emplois chez nous. Et comme les pays émergents connaissaient une forte croissance, c'est là-bas qu'il y avait le plus de marchés à prendre pour nos entreprises. Cela est-il encore vrai aujourd'hui ? De nombreux économistes montrent que, depuis quelques années, la croissance et le commerce ne vont plus de pair. Comme l'écrit justement Philippe Maystadt, ancien président de la Banque européenne d'investissement, l'Europe a plus besoin aujourd'hui d'investissements que de libre-échange[9]. Si elle veut créer des emplois et améliorer la qualité de vie de ses citoyens, elle doit d'abord rompre avec le dogme de l'austérité qui domine ses politiques depuis tant d'années. Elle doit oser emprunter pour financer de grands projets publics de modernisation de nos logements, de nos équipements, de nos infrastructures.

Nous sommes sans doute en train d'atteindre la fin d'un cycle de mondialisation. Si nous voulons soutenir à la fois la lutte contre le réchauffement climatique et notre prospérité, nous devons commencer à relocaliser la production chez nous et à consommer davantage de produits locaux que de biens importés.

Les défenseurs acharnés du CETA, tentant de décrédibiliser la résistance wallonne, ont souvent essayé de nous faire passer pour des anti-Européens. Or, ce qui était en cause, ce n'était pas le projet européen lui-même, mais le rapport entre la démocratie telle qu'elle s'exprime dans nos assemblées parlementaires, et dans la vitalité de notre société civile, et le pouvoir des lobbys et des technocrates qu'incarne trop souvent l'Union européenne. En nous opposant à l'Europe, au nom de nos idéaux démocratiques, nous protégeons l'Europe d'elle-même. Lors du débat devant le Parlement de Wallonie, le 28 octobre 2016, je l'exprimais dans ces

9. Philippe Maystadt, « Ceta : ce n'est pas le commerce international qui va relancer la croissance en Europe », *Le Soir Plus*, 25 octobre 2016.

termes: «Nous sommes si profondément Européens, nous sommes une terre centrale, une terre d'accueil, qui a vu passer toutes les batailles, qui a vu passer tous les peuples et beaucoup d'entre eux se sont installés ici et ont fait la richesse de notre Région. Nous sommes une terre de charbon et d'acier. C'est pour nous, entre autres, que fut fondée la CECA (Communauté européenne du charbon et de l'acier), la première des organisations européennes. Nous sommes une terre d'innovation et de luttes sociales, qui incarne mieux qu'aucune autre le modèle social européen. Rien n'est plus injuste et rien n'est plus blessant que de nous faire passer pour de mauvais Européens, mais nous sommes, c'est vrai, des Européens exigeants parce que nous avons justement une haute idée de l'Europe, nous avons fondé en l'Europe tant d'espoir, parce qu'elle nous a tant aidés à nous moderniser, nous attendons énormément de l'Europe. Mais les citoyens de Wallonie ne se reconnaissent pas dans l'Europe d'aujourd'hui. Ils ne se reconnaissent pas dans cette Europe des marchands et des banquiers, dans cette Europe de la concurrence effrénée, dans cette Europe du dumping qui tire tout le monde vers le bas, dans cette Europe qui est dure avec les faibles – comme nos amis grecs – et faible avec les forts – comme les grands fraudeurs fiscaux. Longtemps, cette déception, ce désamour que nous avons vécu pour l'Europe, fut une déception silencieuse, oscillant entre tristesse et colère. Puis nous nous sommes réveillés. Nous avons décidé d'exprimer notre dépit européen. Nous nous sommes souvenus que notre Wallonie, son Gouvernement, son Parlement ont des compétences internationales et nous avons décidé d'en faire usage. Nous avons osé désobéir, résister à la pression, aux ultimatums, avec ce côté un peu bravache que nous, Wallons, avons toujours un peu. C'était un risque politique, c'était un risque d'isolement, un risque de représailles, peut-être, un risque de réputation, mais nous avons pris ce risque. [...] Il y a eu un moment CETA dans la vie démocratique wallonne. Qui aurait pu imaginer cela ? L'attention portée sur nous tous les jours, matin et soir, pendant deux semaines très intenses, a constitué un formidable moment de socialisation civique. Le travail rigoureux, je le dis sans flatterie, de journalistes consciencieux, qui ont expliqué avec la plus grande clarté, avec la plus grande objectivité, quels étaient les enjeux et quelles étaient les positions des uns et des autres, a été un formidable travail de pédagogie civique. Notre Parlement a été présent dans l'espace public et médiatique comme jamais il ne l'avait été auparavant. On a parlé du CETA dans les familles, dans les bureaux, dans les cafés, sur les marchés, dans les écoles même. Des citoyens de tous les âges et de toutes les conditions qui ne connaissaient pas plus que nous au départ ce traité en sont devenus des débatteurs passionnés. Cet objet si obscur qu'est un traité de commerce international est devenu, l'espace de quelques jours, l'objet de toutes les passions politiques. Vous avez rendu possible un formidable travail d'éducation civique sur des thèmes qui échappent généralement à l'attention publique. Vous nous avez donné aussi un petit moment de fierté. Je n'ai jamais reçu autant de messages de gens qui se disaient fiers d'être wallons. [...] La question désormais est celle-ci : qu'allons-nous faire de tout cela ? Comment allons-nous faire vivre cet élan démocratique extraordinaire ? Le découragement politique, le retrait civique, a deux causes. La première, c'est le fameux "Il n'y a pas d'alternative" de Margaret Thatcher. Quand on dit aux citoyens : "Voilà, c'est comme cela, le monde est tel qu'il est, on ne peut rien y faire. On ne peut pas le changer." Quand on dit aux citoyens : "Le traité, il est comme il est. Il n'est pas si mal, on ne peut pas tenter de le modifier, il faut prendre tel quel", cela conduit à cette question : "À quoi bon ?" À quoi bon se battre et se mobiliser ? À quoi bon débattre ? À quoi bon tenter de convaincre ? L'autre grand risque de démotivation politique – et c'est une tentation forte à notre époque – c'est une certaine forme de simplification à outrance, une opposition pure et simple, une protestation sans destin, un refus d'analyser les contraintes, un refus de prendre en compte les rapports de force, faire croire que tout est possible, qu'il n'y a qu'à, et refuser tout ce qui n'est pas la victoire totale et absolue. Le refus de la complexité du monde n'est pas une voie politique prometteuse. Le monde est complexe, que nous le voulions ou non. Nous ne pouvons apporter à un monde complexe que des solutions qui le sont aussi. »

Cette expérience démocratique a, au-delà de son résultat concret, une valeur en soi. Le Parlement de Wallonie a été un laboratoire, le seul Parlement en Europe qui ait mené un tel débat avant la signature du CETA. « Cela suscite beaucoup de débats en Europe. Cela suscite beaucoup de curiosité, beaucoup d'attention. J'espère que, demain, beaucoup d'autres Parlements nationaux ou régionaux, dotés des mêmes compétences que les nôtres, voudront, comme nous, mener cette formidable expérience de délibération collective. Si cela se produit, rien ne sera plus jamais comme avant. Si cela se produit, on ne donnera plus de mandat de négociation sans avoir mené un examen préalable extrêmement scrupuleux. Si cela se produit, nous demanderons des comptes à intervalles réguliers à ceux qui négocient en notre nom. Si cela se produit, nous regarderons les résultats avec un esprit critique. Si cela se produit, nous continuerons de suivre les traités après leur entrée en vigueur. »

Au-delà du CETA

Tout l'enjeu consiste aujourd'hui à faire en sorte que ce moment CETA n'ait pas été un feu de paille. C'est la raison pour laquelle, dès la fin des négociations, j'ai entrepris de rédiger, avec quelques collègues universitaires, ce que nous avons appelé une « déclaration de Namur ». Ce texte bref, qui figure en annexe de cet ouvrage, vise à fixer les principes de ce que devraient être, à l'avenir, les négociations commerciales entre l'Union européenne et ses partenaires. Il faudra désormais forcer la Commission à mener de vraies analyses contradictoires et publiques des effets potentiels d'un nouveau traité, avant d'établir un mandat de négociation et soumettre ces mandats à un débat parlementaire préalable. Il faudra aussi que la Commission rende régulièrement des comptes sur les résultats intermédiaires de ces négociations devant les Parlements qui seront amenés, plus tard, à les approuver. Il faudra, enfin, que de tels traités, quand ils touchent à des compétences aussi fondamentales que la protection de l'environnement, le droit du travail, les services publics, etc. continuent d'être considérés comme des « traités mixtes », qui doivent être soumis à l'approbation de l'ensemble des Parlements nationaux et régionaux des États membres. Voilà, en quelques mots, pour la méthode. Sachant d'où nous venons, de négociations opaques menées par des diplomates et des hauts fonctionnaires soumis au lobbying des grandes entreprises, c'est une véritable révolution copernicienne.

Est-ce utopique? Je ne le crois pas. La conférence de Paris, en décembre 2015, a permis à près de deux cents États du monde entier de s'engager formellement à lutter contre le réchauffement climatique, pour le développement durable, contre la pauvreté et les inégalités dans le monde. Cette négociation multilatérale, menée dans la plus grande transparence, en associant les organisations représentatives de la société civile et les Parlements nationaux, a permis de conduire au premier engagement universel et contraignant en faveur d'un monde plus soutenable et plus juste. Ce succès montre que la diplomatie multilatérale peut parfois défendre de bien plus hautes ambitions que celles du simple commerce.

La déclaration de Namur rappelle aussi les acquis de la Wallonie en ce qui concerne la délicate question des conflits potentiels entre les multinationales et les États. Elle affirme qu'aucun mécanisme spécifique de résolution des conflits ne peut être établi à l'avenir s'il ne respecte pas les plus hauts standards en ce qui concerne les conditions de nomination des juges, leur rémunération et leur condition d'indépendance et d'impartialité, pendant et après l'exercice de leur mandat. Elle exige que de tels juges soient pleinement qualifiés non seulement en matière de droit commercial, mais également en matière de droits de l'homme, de droit du travail et d'environnement pour assurer que, dans leurs jugements, ils accordent au moins autant d'importance à ces valeurs fondamentales qu'aux intérêts commerciaux. Cela peut paraître évident, mais c'est loin de l'être aujourd'hui. C'est de l'absence de telles garanties que naissent les plus profonds soupçons. Un ancien président de la Commission européenne, José Manuel Barroso pour ne pas le citer, est engagé par la banque Goldman Sachs, avec laquelle il avait eu de nombreux contacts au beau milieu de la crise financière. C'est un scandale en soi, et le silence assourdissant des institutions européennes à cet égard creuse et creusera plus profondément encore le fossé entre les citoyens et l'Union européenne. Nous ne voudrions pas que, demain, les mêmes soupçons pèsent sur les juridictions internationales.

Enfin, et peut-être surtout, c'est la logique même de tels traités commerciaux qu'il faut désormais inverser. Les partisans du libre-échange sont convaincus que le commerce n'a que des vertus. Ils considèrent que tous ceux qui s'opposent à eux n'ont simplement rien compris. Or, comme l'écrit l'économiste Dani Rodrik, l'un des meilleurs spécialistes de ces matières, tirant les leçons de l'opposition wallonne au CETA, « plutôt que de décrier la stupidité et l'ignorance de ceux qui rejettent des accords commerciaux, nous devrions comprendre pourquoi de tels accords ont perdu leur légitimité. Personnellement, je blâmerais largement les élites et les technocrates du commerce [...]. Ces élites minimisent les effets distributifs de tels accords, [...] ils surévaluent les gains agrégés de tels accords commerciaux [...]. Ils disent que la souveraineté des États ne sera pas diminuée, alors qu'elle l'est clairement dans certains cas. Ils prétendent que les principes démocratiques ne seront pas affaiblis, alors qu'ils le sont à certains endroits. Ils disent qu'il n'y aura pas de dumping social, alors qu'il y en a clairement dans certains cas. [...] L'opposition aux traités commerciaux n'est pas seulement une question de perte de revenus. [...] C'est aussi une question d'équité, de perte de contrôle et de perte de crédibilité des élites[10]. »

Il est temps de rappeler que le commerce n'est pas une fin en soi mais qu'il est, au mieux, un moyen aux services de finalités politiques supérieures. Une autre mondialisation est possible. Il dépend de nous d'exiger sans relâche que des règles issues de la délibération collective contribuent à créer un nouvel ordre international, où le pouvoir de l'argent cesse d'être la mesure de toute chose. L'Europe, qui a joué un rôle clef dans la réussite des négociations climatiques mondiales, peut être le porteur de cette nouvelle ère de la mondialisation. Alors que la croissance des pays émergents s'essouffle et que les États-Unis ont choisi le camp de l'isolement, le moment est venu pour l'Europe de réaffirmer sa vocation politique. La construction européenne n'a de sens que si elle contribue véritablement à rapprocher la prospérité de ses États membres, à faire converger ses législations fiscales, sociales et environnementales, et que si elle protège les cinq cents millions d'Européens des ravages causés par une mondialisation sauvage. Elle doit réaffirmer sa vocation à lutter contre le réchauffement climatique, contre les inégalités et la pauvreté, chez elle et dans

10. Dani Rodrik, « The Wallonia Mouse And "Undemocratic" Trade Deals », 25 octobre 2016, www.socialeurope.eu/2016/wallonia-mouse-undemocratic-trade-deals.

le monde. C'est seulement au regard de telles ambitions que le commerce peut s'avérer utile. L'Union européenne est la première puissance commerciale mondiale, cela lui donne à la fois du pouvoir et des responsabilités. Si elle le veut, elle peut les utiliser pour faire évoluer l'ordre mondial. Chaque fois que nous négocions avec d'autres pays et régions du monde, nous devons tenter de les convaincre d'adopter des normes sociales, environnementales et sanitaires ambitieuses, de protéger les droits de l'homme, de renforcer la capacité des États de prélever un impôt juste pour financer les services publics… Il faut, comme le propose l'économiste français Thomas Piketty, « arrêter de signer des accords internationaux réduisant des droits de douane et autres barrières commerciales sans inclure dans ces mêmes traités, et dès les premiers chapitres, des règles chiffrées et contraignantes permettant de lutter contre le dumping fiscal et climatique, comme par exemple des taux minimaux communs d'imposition des profits des sociétés et des cibles vérifiables et sanctionnables d'émissions carbone[11]. »

Il faut utiliser notre puissance commerciale pour contrer l'influence des multinationales qui tentent, en faisant pression sur les États, d'échapper à toute contribution fiscale.

Car c'est seulement si nous parvenons à renverser les priorités, pour faire du commerce un moyen au service du développement durable, que nous pourrons éviter que l'Europe sombre sous les assauts répétés de ceux qui se nourrissent du mépris des élites et du désespoir des peuples.

11. Thomas Piketty, « Pour une autre mondialisation », *Le Monde*, 13 et 14 novembre 2016.

ANNEXE 1
Qu'ont demandé les Wallons, et qu'ont-ils obtenu ?

Cette annexe reprend, en substance, les demandes formulées par le Parlement de Wallonie dans sa résolution du 27 avril 2016 et les principaux résultats obtenus lors des négociations d'octobre 2016 dans les différents documents annexés au CETA.

1. Solliciter l'avis de la Cour de justice de l'Union européenne sur la compatibilité du CETA avec les traités européens et ne pas procéder à la ratification de cet accord tant que la Cour de justice ne s'est pas prononcée

L'Accord intra-belge prévoit que la Belgique sollicitera l'avis de la Cour de justice de l'Union européenne non pas sur l'ensemble du CETA, mais sur son élément le plus sensible, à savoir l'International Court System et, en l'occurrence, sur la conformité de l'ICS avec le traité de fonctionnement de l'Union européenne, et le Parlement de Wallonie a affirmé qu'il ne ratifierait pas le CETA tant qu'il ne disposerait pas de cet avis.

2. Plaider au sein du Conseil de l'Union européenne pour que le CETA soit qualifié d'accord mixte

Ce point a été acquis par décision du Conseil de l'Union européenne en juillet 2016. Il était demandé non seulement par la Wallonie, mais par vingt-quatre autres États membres de l'Union européenne. Le 21 décembre 2016, l'avocat général de la Cour de justice de l'Union européenne a rendu public son avis dans le cadre de la demande d'avis sur la mixité de l'accord Union européenne – Singapour, plaidant pour la mixité de cet accord. La Cour de justice de l'Union européenne devrait rendre son avis dans le courant de 2017.

3. Refuser toute mise en œuvre provisoire du CETA

Le Conseil de l'Union européenne a décidé que le traité serait d'application provisoire, mais il a exclu de l'application provisoire le chapitre le plus problématique du traité, à savoir celui qui porte sur la protection des investissements, en ce compris l'International Court System.

Dans l'Accord intra-belge, la Wallonie a obtenu deux verrous supplémentaires. D'une part, elle a confirmé qu'elle ne ratifierait pas le CETA tant que le mécanisme de résolution des conflits offrant les plus hautes garanties juridictionnelles dont elle a défini les détails dans une « déclaration conjointe de la Commission et du Conseil » n'aura pas été pleinement établi. D'autre part, le Parlement de Wallonie évaluera à intervalles réguliers les effets socioéconomiques et environnementaux du CETA, et se réserve le droit d'en suspendre l'application à tout moment si cette évaluation devait s'avérer négative.

4. Donner la priorité, dans le cadre du CETA, à un mécanisme de règlement des différends d'État à État sur base des juridictions publiques existantes

L'instrument interprétatif conjoint prévoit que le CETA ne privilégie pas le recours à l'International Court System. Les conflits entre États et entreprises seront traités en règle générale par les juridictions existantes.

Le même instrument précise que le CETA s'éloigne de manière décisive de l'approche traditionnelle de résolution des conflits entre États et multinationales en établissant une juridiction permanente et impartiale, inspirée par les principes des systèmes judiciaires publics en vigueur dans l'Union européenne et ses États membres et au Canada.

Une déclaration de la Commission et du Conseil sur la protection des investissements et la Cour d'investissement fixe, par ailleurs, de manière précise les critères qui devront être appliqués à la sélection des juges, qui ne pourront être nommés que par les États membres, leurs conditions de rémunération et d'impartialité, pendant et après leur mandat. Il précise également que « l'accès à cette nouvelle juridiction pour les usagers les plus faibles, c'est-à-dire les PME et les particuliers, sera améliorée et facilitée », et prévoit des modalités spécifiques de soutien.

5. L'inclusion d'une clause sur les droits de l'homme, juridiquement contraignante et suspensive, afin de garantir le respect plein et entier des normes de l'Union dans le domaine des droits fondamentaux

L'Accord de partenariat stratégique entre l'Union européenne et le Canada inclut bien une telle clause, prévoyant même la suspension des relations bilatérales en cas de manquement en matière de droits de l'homme. Le CETA est de ce point de vue le traité commercial le plus avancé en matière de protection des droits de l'homme.

6. L'ajout d'une clause générale juridiquement contraignante applicable à l'ensemble des accords, afin de garantir le respect complet et sans ambiguïté de la convention de l'UNESCO sur la protection et la promotion de la diversité des expressions culturelles

Cette exception culturelle, telle que la Belgique la défend dans l'ensemble des accords commerciaux, est bien confirmée dans le cadre du CETA. Il s'agit plus précisément d'une exclusion totale des services audiovisuels et, pour les autres services culturels, de respecter les engagements précis pris par la Belgique dans l'Accord général sur le commerce des services (l'AGCS, signé en 1994).

7. L'instauration dans l'accord d'un principe d'exception agricole qui pourra être invoqué si l'augmentation des importations d'un produit risque de causer un préjudice important à […] la sécurité alimentaire, la sauvegarde de la vie et des sociétés rurales, la protection de la nature et de la biodiversité

Plusieurs déclarations de la Commission européenne annexées au CETA confirment qu'il ne peut en aucune manière faire obstacle à l'interdiction d'importation de bœuf aux hormones ou d'OGM.

Le traité comporte aussi une large reconnaissance des appellations d'origine protégées et des indications géographiques protégées, et prévoit que des nouveaux produits pourront bénéficier de cette protection à l'avenir.

Une déclaration conjointe de la Commission et du Conseil annexée au CETA rappelle par ailleurs que l'Union européenne a préservé la faculté d'utiliser tous les instruments de sauvegarde nécessaires pour protéger pleinement les produits agricoles sensibles dans l'Union. Ce document précise : « En cas de déséquilibre de marché pour un produit agricole, quel que soit le secteur, la Commission s'engage aussitôt à prendre les mesures nécessaires, dans le cadre de la réglementation de l'Union européenne existante, en vue du rétablissement de l'équilibre du marché. »

L'Accord intra-belge précise par ailleurs que : « L'État fédéral ou une entité fédérale compétente en matière agricole se réserve le droit d'activer la clause de sauvegarde en cas de déséquilibre de marché, y compris lorsque ce déséquilibre est identifié pour un seul produit. »

Des seuils précis seront établis endéans les douze mois qui suivent la signature du CETA déterminant ce que l'on entend par déséquilibre de marché, ce qui permet aux Parlements de maintenir la pression avant la ratification.

8. L'inclusion de normes contraignantes sur le développement durable afin de soutenir les efforts en matière de lutte contre le changement climatique

L'instrument interprétatif conjoint comporte de ce point de vue des avancées majeures. Il rappelle d'abord le droit des États de réguler en cette matière : « Le CETA reconnaît explicitement le droit du Canada et de l'Union européenne, et de ses États membres, de fixer leurs propres priorités environnementales, d'établir leur propre niveau de protection environnemental et d'adopter ou de modifier les lois pertinentes et les politiques correspondantes. »

Est également prévue une règle de *standstill*, c'est-à-dire une interdiction faite aux parties de réduire leur législation environnementale pour attirer des flux commerciaux ou des investissements.

Troisièmement, l'instrument interprétatif précise qu'« en cas de violation de cet engagement, les gouvernements peuvent demander réparation de ces violations, indépendamment du fait qu'elles affectent négativement un investissement ou un profit escompté par un investisseur ». Il s'agit là d'un amendement essentiel puisque la principale crainte de nombreux opposants au CETA était qu'un État puisse être conduit à payer une indemnité à un investisseur privé lorsqu'il modifie sa législation sociale, sanitaire ou environnementale.

Si le CETA ne comporte pas de mécanismes de sanctions spécifiques en cas de violation de ces législations, il prévoit néanmoins que les parties « s'engagent à initier une révision rapide de ces provisions, en ce compris le mécanisme de résolution des conflits, en vue de rendre effectivement applicable les provisions du CETA relatives au commerce et à l'environnement, et au commerce et aux droits du travail ».

9. L'adoption des « listes positives » dans le domaine de la libéralisation des services mentionnant expressément les services à ouvrir aux entreprises étrangères et excluant les services d'intérêt général, les services d'intérêt économique général actuel et futur

L'instrument interprétatif rappelle que le CETA préserve la faculté de l'Union européenne et de ses États membres et du Canada d'adopter et d'appliquer leurs propres lois en matière d'activité économique et d'intérêt public.

Il reconnaît également le droit des gouvernements, à tous les niveaux, de fournir et soutenir les services qu'ils considèrent comme relevant du service public, et précise enfin que le CETA n'exigera pas des gouvernements qu'ils privatisent quelque service que ce soit ni n'empêche les gouvernements d'étendre la gamme des services qu'ils fournissent au public.

Il est encore précisé que le CETA ne peut pas empêcher les gouvernements de renationaliser certains secteurs qui avaient été préalablement privatisés. À ce titre, il est aussi explicitement précisé qu'un investisseur ne pourra demander compensation pour absence de bénéfices escomptés à la suite d'une décision d'une autorité publique qui affecterait son projet d'investissement.

Le même instrument interprétatif confirme par ailleurs que la sécurité sociale et les assurances sociales sont explicitement exclues du cadre de l'accord. En outre, il a été spécifiquement précisé qu'« aucune provision de cet accord ne demandera à la Belgique de modifier le système existant d'assurance obligatoire », ce qui concerne notamment les services rendus en Belgique par les mutualités.

10. La possibilité d'inclure des clauses sociales et environnementales dans les marchés publics et de privilégier les circuits courts

L'instrument interprétatif précise que les États membres de l'Union européenne et le Canada conservent toute faculté « en accord avec leur législation respective d'utiliser des critères environnementaux, sociaux et liés au travail, tels que l'obligation de respecter et d'adhérer à des conventions collectives, dans les marchés publics ».

11. L'inclusion de mécanismes de coopération pour le renforcement des réglementations financières et bancaires, l'échange de données et la lutte contre la fraude et l'évasion fiscales

Cette demande n'a pas été rencontrée.

Elle figure dans la déclaration de Namur et dans les résolutions du Parlement de Wallonie s'appliquant aux futurs traités commerciaux signés par l'Union européenne. Le Commission européenne sait donc que la Wallonie ne ratifiera pas un traité qui ne comporte pas de telles clauses à l'avenir.

12. L'inclusion d'un chapitre spécifique pour les petites et moyennes entreprises (PME) en prévoyant notamment des dispositions pour leur faciliter l'accès aux échanges

L'instrument interprétatif précise les différentes conditions qui permettront de soutenir les PME et notamment leur accès plus facile aux marchés publics à tous les niveaux de pouvoir.

Les dispositifs relatifs au nouveau mécanisme de résolution des conflits mentionnés plus haut (point 4) prévoient par ailleurs un soutien financier pour l'accès des PME à ces mécanismes.

13. La réalisation d'études d'impact indépendantes approfondies pour chaque État membre, ainsi qu'une évaluation de la compétitivité des secteurs, avec une attention particulière sur les effets économiques et réglementaires de ces accords sur les PME

Les accords annexés au CETA ne prévoient pas de position spécifique à cet égard, mais il s'agit là d'une pratique habituelle. Il faudra surtout veiller à l'avenir à créer un véritable débat public autour de ces études d'impact. Raison pour laquelle l'Accord intra-belge prévoit notamment que le Parlement de Wallonie se livrera à une évaluation régulière des effets socioéconomiques et environnementaux du CETA. Il ne suffit pas en effet de procéder à des études d'impact préalables, mais il faut pouvoir vérifier cet impact tout au long de la vie de ces traités et les suspendre ou les corriger le cas échéant.

14. L'ouverture de ces accords à d'autres partenaires qui pourraient se joindre à une négociation plurilatérale

Cette demande du Parlement de Wallonie ne s'applique pas directement au CETA mais plus généralement à l'ensemble de la politique commerciale de l'Union européenne. Elle fera partie des balises énoncées par le Gouvernement wallon lorsqu'il définira sa position sur les mandats d'autres traités.

15. La mise en œuvre et le respect de positions contraignantes en matière de droit du travail

L'instrument interprétatif reprend ici des dispositions équivalentes à celles qui ont été citées plus haut en matière de droits de l'environnement (point 7), en ce compris l'amendement rédigé à la demande de la Wallonie qui précise que lorsqu'un État modifie son droit en matière de travail, il ne peut en aucun cas être amené à payer une indemnité à un investisseur qui considérerait que cette modification de législation affecte négativement ses intérêts ou les profits qu'il escomptait. La négociation finale pour la signature du CETA a conduit le Canada à ratifier trois des huit conventions principales de l'Organisation internationale du travail (OIT) qu'il n'avait pas ratifiées jusque-là.

16. L'inclusion de normes en matière de travail et d'environnement qui ne sont pas limitées au chapitre sur le commerce et le développement durable

Il s'agit ici d'une clause transversale qui est rencontrée par les amendements obtenus aux points 7 et 14.

17. Le respect du principe de précaution tel qu'inscrit dans l'article 191 du traité sur le fonctionnement de l'Union européenne

La déclaration de la Belgique et de ses entités fédérées et une déclaration de la Commission (n° 7) conditionnent la signature du CETA au fait que cet accord n'empêche pas de garantir l'application du principe de précaution tel que prévu par le traité sur le fonctionnement de l'Union européenne (TFUE) (article 191, articles 168 et 169). L'instrument interprétatif et la déclaration de la Commission sur le respect du principe de précaution en reconnaissent entièrement la valeur et en assurent la pleine et effective application.

18. La transparence dans la négociation des futurs accords de libre-échange

Il s'agit ici d'une demande qui ne s'applique pas directement au CETA mais à l'ensemble de la politique commerciale de l'Union européenne. Elle figure au centre de la déclaration de Namur et des résolutions du Parlement de Wallonie que le Gouvernement wallon suivra lorsqu'il définira sa position relative aux mandats de telles négociations.

19. Coopération réglementaire

Une déclaration de la Commission annexée au CETA précise que « cette coopération sera volontaire et que les autorités réglementaires nationales n'auront pas l'obligation d'appliquer le résultat éventuel d'une telle coopération ».

L'Accord intra-belge prévoit, en outre, une procédure contraignante d'approbation parlementaire préalable d'une telle coopération réglementaire.

ANNEXE 2

DÉCLARATION DE NAMUR

5 DECEMBRE 2016

Première liste des signataires :

Philippe Aghion, Collège de France
László Andor, Corvinus University of Budapest
Stefano Bartolini, European University Institute, Florence
Francois Bourguignon, EHESS/Paris School of Economics
Ha-Joon Chang, Cambridge University
Olivier Costa, CNRS/Sciences Po Bordeaux
Carlos Closa Montero, Instituto de Políticas y Bienes Públicos, Madrid
Paul Craig, University of Oxford
Marise Cremona, European University Institute, Florence
Olivier De Schutter, Université Catholique de Louvain
Jean-Miche De Waele, Université Libre de Bruxelles
Sebastian Dullien, University of Applied Sciences HTW Berlin
Jean-Marc Ferry, Université de Nantes
Jean-Paul Fitoussi, Sciences-po, Paris et LUISS, Rome
Ilene Grabel, University of Denver
Ulrike Guérot, European School of Governance, Berlin
Virginie Guiraudon, CNRS/Sciences-Po Paris
Joseph Jupille, University of Colorado Boulder
Nicolas Levrat, Université de Genève
Paul Magnette, Université Libre de Bruxelles
Raffaele Marchetti, LUISS, Rome
Philippe Maystadt, ARES - Académie de recherche et d'enseignement supérieur
Frédéric Mérand, Université de Montréal
Leonardo Morlino, LUISS, Rome
Henning Meyer, London School of Economics and Political Science
Kalypso Nicolaïdis, Oxford University
Claus Offe, Hertie School of Governance, Berlin
Heikki Patomäki, University of Helsinki
Thomas Piketty, EHESS/ Paris School of Economics
Jean-Philippe Platteau, Université de Namur
Teresa Ribera, Institut du Développement durable et des relations internationales, Paris
Dani Rodrik, Harvard Kennedy School
Georges Ross, Université de Montreal
Vivien Schmidt, Boston University
Andy Smith, Sciences-Po Bordeaux
Philippe Van Parijs, Université Catholique de Louvain
Jean-Pascal van Ypersele, Université Catholique de Louvain
John Weeks, University of London
Anne Weyembergh, Université Libre de Bruxelles

DÉCLARATION DE NAMUR

5 DECEMBRE 2016

Les vifs débats suscités en Europe par la signature du CETA/AECG (Comprehensive Economic and Trade Agreement / Accord économique et commercial global) ont révélé que la manière dont l'Union européenne négocie les traités commerciaux internationaux, et le contenu de ceux-ci, sont contestés par des pans toujours plus larges des opinions publiques.

Les propositions formulées dans cette Déclaration visent à répondre à ces légitimes inquiétudes. Inspirées par les valeurs de solidarité, de démocratie et de progrès qui fondent l'Union européenne, ces propositions doivent, selon ses signataires, devenir la référence de toute négociation d'un traité économique et commercial auquel l'Union européenne et ses Etats membres sont parties prenantes. Ces avancées sont amenées à faire l'objet de développements ultérieurs, à la lumière des débats qu'elles pourront susciter.

Ceci implique que l'Union européenne n'est pas en mesure aujourd'hui de négocier un accord équilibré avec les Etats-Unis compte tenu de l'asymétrie des partenaires, notamment pour ce qui est du degré d'achèvement de leurs marchés intérieurs respectifs, et des problèmes d'extraterritorialité de la législation américaine non résolus.

Ceci implique aussi que l'UE devra rechercher de bonne foi, avec ses partenaires déjà engagés dans une négociation, des modalités permettant d'assurer la bonne fin des accords déjà bien avancés, a fortiori déjà signés, dans l'esprit de la présente Déclaration.

1. Respect des procédures démocratiques

Afin de garantir que les méthodes européennes de négociation des traités commerciaux respectent les demandes légitimes de transparence exprimées par la société civile, et les procédures démocratiques de contrôle parlementaire, il convient de

- mener des analyses contradictoires et publiques des effets potentiels d'un nouveau traité avant d'établir un mandat de négociation, afin d'assurer qu'il contribuera au développement soutenable, à la réduction de la pauvreté et des inégalités, et à la lutte contre le réchauffement climatique ;

- soumettre les mandats de négociation à un débat parlementaire préalable, dans les assemblées nationales et européenne (et les assemblées régionales dotées de pouvoirs équivalents) pour ce qui concerne les traités mixtes, en y associant le plus largement possible les représentants de la société civile ;

- rendre publics les résultats intermédiaires des négociations en temps utile et de manière accessible, afin que la société civile puisse en prendre pleinement connaissance et qu'un débat parlementaire puisse être mené avant la clôture des négociations ;

- ne pas privilégier la méthode de « l'application provisoire », afin de conserver aux parlements leur plein et entier pouvoir de contrôle dans le cadre de la procédure d'assentiment des traités mixtes ;

2. Respect des législations socio-économiques, sanitaires et environnementales

Afin de garantir que les traités commerciaux dits « de nouvelle génération » ne puissent en aucune manière affaiblir les législations qui protègent le modèle socio-économique, sanitaire et environnemental de l'Union européenne et de ses Etats membres, et qu'ils contribuent au développement soutenable, à la réduction de la pauvreté et des inégalités, et à la lutte contre le réchauffement climatique, il convient de

- faire de la ratification des principaux instruments de défense des droits de l'homme, des conventions essentielles de l'OIT, des recommandations issues du projet BEPS (érosion de la base d'imposition et transfert de bénéfices) et des Accords de Paris sur le climat, des obligations pour les parties ;

- inclure dans de tels traités des exigences chiffrées en matière fiscale et climatique, comme par exemple des taux minimaux d'imposition des profits des sociétés et des cibles vérifiables de réduction des gaz à effets de serre;

- exclure intégralement les services publics et les services d'intérêt général, tels que définis dans les législations respectives des Parties, du champ d'application de tels traités ;

- exclure la méthode des « listes négatives » pour établir le champ des activités ouvert à la concurrence, et prévoir systématiquement des clauses permettant aux Parties de reprendre la propriété publique d'un secteur sans autre condition que celles imposées par la législation nationale ;

- prévoir des clauses de standstill qui empêchent les Parties de réduire leurs normes sociales, sanitaires et environnementales pour favoriser les exportations ou attirer les investissements, assortir ces clauses de mécanismes de sanction, et assurer que la mise en conformité des Parties avec leurs obligations en vertu de ces clauses ne pourra en aucun cas fonder une demande d'indemnisation dans le chef des investisseurs ou autres opérateurs économiques privés ;

- inclure des mécanismes de coopération loyale et effective, notamment pour ce qui est des échanges d'informations, en ce qui concerne la fiscalité des multinationales et des sociétés offshore ;

- mettre en place des mécanismes d'évaluation indépendante et régulière des effets socio-économiques et environnementaux de tels traités, et permettre leur suspension par les Parties (dans l'éventuelle phase d'application provisoire) et leur révision périodique afin d'assurer qu'ils contribuent au développement soutenable, à la réduction de la pauvreté et des inégalités, et à la lutte contre le réchauffement climatique ;

3. Garantie de l'intérêt public dans le cadre de la résolution des différends

Afin d'assurer que la résolution des différends entre les entreprises et les Etats ou autres Parties aux traités offre les plus hautes garanties juridictionnelles de protection de l'intérêt public, il convient de

- privilégier le recours aux juridictions nationales et européennes compétentes, et n'instaurer un mécanisme international de règlement des différends que dans la mesure où celui-ci présente des avantages certains (sur le plan de l'application uniforme des traités, de la célérité et de la compétence des juges) et comporte un mécanisme d'appel garantissant la cohérence des décisions rendues au premier degré ;

- appliquer les plus hauts standards aux mécanismes internationaux de règlement des différends, en ce qui concerne notamment les conditions de nomination et de rémunération des juges, ainsi que leurs garanties d'indépendance et d'impartialité, pendant et après l'exercice de leur mandat ;

- garantir que les juges soient pleinement qualifiés pour interpréter et appliquer les accords commerciaux en conformité avec les autres règles du droit international, notamment en matière de droits de l'homme, du travail et de l'environnement ;

- assurer l'égalité d'accès aux mécanismes internationaux de règlement des différends, notamment par l'adoption de mesures en faveur des PME et des particuliers visant à alléger les implications financières du recours à ces mécanismes ;

Ces principes doivent permettre à l'Union européenne de démontrer que les échanges commerciaux ne servent pas les intérêts privés au détriment de l'intérêt public, mais contribuent au rapprochement entre les peuples, à la lutte contre le réchauffement climatique et au développement durable, en particulier des régions les plus défavorisées.

64.

ACHEVÉ D'IMPRIMER EN FÉVRIER 2017 SUR LES PRESSES
DE L'IMPRIMERIE EVMPrint (BRUXELLES)